ISAURE D'AUBIGNIE.

TOME PREMIER.

ISAURE D'AUBIGNIE,

IMITATION DE L'ANGLAIS.

PAR PIGAULT MAUBAILLARCQ,

MEMBRE CORRESPONDANT
DE LA SOCIÉTÉ PHILOTECHNIQUE,
AUTEUR DE LA FAMILLE WIÉLAND,
OU LES PRODIGES.

La morale a besoin, pour être bien reçue,
Du masque de la fable, ou du charme des vers ;
La vérité plaît moins quand elle est toute nue.
. . . .

BOUFFLERS.

TOME PREMIER.

PARIS,

CHEZ BARBA, LIBRAIRE, AU PALAIS-ROYAL,
derrière le Théâtre-Français, n° 51.

DE L'IMPRIMERIE DE MAME.
1812.

M. Clément fut nommé à la place ... M. Boivin eut celle de M. Clém[ent] ... Il rendit cette ... de M. le Tellier, qui ne put cé... acquérir d'autre ... de la déterminer ... du Roi au ...

A MADAME POWER.

C'est à toi, mon unique enfant, que je dédie cet ouvrage. Il offre des exemples de piété filiale, d'amour maternel, et si je ne craignais d'alarmer ta modestie, je dirais bien où j'ai pris mon modèle.

Puisses-tu trouver dans cette offrande la récompense qui

t'est due, et quand j'aurai cessé d'exister, un souvenir touchant de la tendresse d'un père.

ISAURE D'AUBIGNIE.

LETTRE PREMIÈRE.

Isaure d'Aubignie à Julie de Roucilles.

« Rien ne pourra te ravir l'amitié de « ta Julie! » Telles furent les expressions avec lesquelles tu consacras cette précieuse amitié qui s'établit entre nous à l'époque heureuse de notre enfance. Le souvenir des jours paisibles que nous passâmes ensemble au couvent se retrace à ma mémoire au milieu des chagrins que j'éprouve. Tu ne me crois pas assez légère pour me plaindre de la privation des jouissances que l'opulence nous procurait. La situation de mon père est telle, que, si elle a banni le luxe de chez lui, elle n'en a pas pour cela exclu le bonheur ; et que, si le regret de ce qu'il a possédé ne venait empoisonner chaque instant de son existence, elle serait encore heureuse, puisqu'il pourrait à peine former un désir qui, dans la retraite qu'il s'est choisie, ne pût de suite être satisfait.

Tu m'appelais autrefois, *le petit philosophe :* si c'est philosophie que de ne pas ressentir de violens chagrins de la révolution que ma famille vient d'éprouver dans sa fortune, je t'assure qu'il m'en coûte peu pour mériter ce titre, puisque je n'ai jamais désiré ni opulence ni grandeur. J'ai toujours préféré une vie retirée et à l'abri des inquiétudes et des embarras qui accompagnent un rang élevé ; ainsi il y a peut-être en moi plus de faiblesse que de vertus dans la résignation que j'éprouve.

Mais, après tout, mon amie, qu'y avons-nous perdu? Nous avons échangé l'existence folle, bruyante et tumultueuse dont nous jouissions à Paris, lorsque nous étions opulens, contre celle pure, paisible et vraiment heureuse que nous offre cet asile. La dépendance et l'indigence ont, à la vérité, quelque chose d'affreux pour ceux qui n'y sont pas accoutumés; mais qui ne sait combien la grandeur est souvent dépendante, et l'opulence misérable? Jadis il m'était impossible, pendant le peu de temps que nous passions l'été à Belleville, de me livrer aux jouissances tranquilles dont je m'étais fait une si riante image. Nous étions alors une famille de trop grande importance, pour qu'on nous accordât les douceurs de la retraite; et sauf ces promenades charmantes et solitaires que je faisais quelquefois avec toi, mon amie, il me restait aussi peu de loisir pour me livrer à mes goûts paisibles, que pendant notre séjour, l'hiver, dans la capitale, et au milieu des plaisirs brillans qu'elle rassemblait autour de nous.

La perte de ce malheureux procès nous a donc ramenés, malgré nous, à une vie plus tranquille. Nos jours ne sont plus envahis par des engagemens sans nombre, ni notre temps par un cercle d'amusemens frivoles. Je puis me promener, lire et penser, sans craindre d'être interrompue par une foule oisive; et, au lieu de m'occuper exclusivement des autres, je puis donc enfin m'occuper de moi-même.

Que ne pouvons-nous obtenir de mon père qu'il pense ainsi! Hélas! il n'est pas d'un caractère à se renfermer dans le cercle étroit que vient de lui tracer la fortune. Il sent l'adversité comme une défaite, à laquelle les vaincus se soumettent ou se résignent avec fierté dans le maintien, mais avec désespoir dans le cœur. Il se prive des jouissances de son état actuel, tandis qu'il souffre de la nécessité où il croit être de dissimuler les regrets qu'il éprouve de celui qu'il a perdu.

Je ne m'aperçois que trop combien ma tendre mère est vivement affectée des chagrins de son mari. Elle s'occupe constamment à épier dans chaque mot, dans chaque regard, l'état de son cœur; et elle n'a que trop sujet de se convaincre combien cet état est douloureux. Elle s'efforce de prendre un air satisfait; elle tâche même de se persuader qu'elle doit être satisfaite; malheureusement, tout effort, pour être heureux, ne tend, en pareille situation, qu'à nous éloigner davantage du bonheur.

Et, pour consoler des êtres aussi chers, quels moyens puis-je employer? Je crains, en vérité, de ne pouvoir que bien peu de chose. Mon cœur s'intéresse trop à ce qui se passe autour de moi, pour me laisser cette liberté d'esprit qui permet d'être utile. Mon père s'aperçoit souvent que je suis sérieuse et préoccupée ; je souris gauchement pour lui persuader le contraire : c'est peut-être ce qu'il m'est quelquefois arrivé de faire dans des temps plus heureux, et, surtout, lorsque je voulais calmer ses inquiétudes sur ma santé ; mais nous n'étions pas, à cette époque, dans une situation qui pût conduire à le lui faire observer, et rien ne pouvait alors le porter à faire cette remarque.

Que de fois, mon amie, je t'ai désirée pour me prêter assistance ! Pourquoi l'état souffrant d'une mère chérie te tient-il si long-temps éloignée de moi ? Il y a quelque chose dans ton sourire, dans ce sourire enchanteur que je me retrace en ce moment, auquel l'anxiété, ni même le chagrin, ne peut résister ; sans compter le consolant effet que produit généralement l'intervention d'un survenant dans une société tellement affligée, qu'une partie de ceux qui la composent redoute de trop s'occuper des pensées de l'autre. Je ne te presse cependant pas de satisfaire ce vœu de l'amitié, car je sais qu'il est maintenant impossible que tu viennes me voir. Écris-moi, Julie, le plus souvent que tu pourras; n'attends aucune régularité dans ma correspondance; ne te gêne pas davantage dans la tienne : j'épancherai mon cœur dans le sein de l'amitié; la sympathie te conduira la main, et dictera tes réponses.

LETTRE II.

Isaure à Julie.

Je souffre, mon amie, d'être obligée de te tourmenter par des détails affligeans; mais tu m'as si souvent prouvé que tu n'étais indifférente à rien de ce qui me regarde; que tu partageras au moins mes chagrins, si tu ne peux les adoucir.

Ceux que notre situation fait éprouver à mon père me rendent de jour en jour plus malheureuse. Un léger incident vient de le plonger dans un accès de mélancolie que toutes les attentions de ma mère et les efforts de gaîté de ta pauvre Isaure n'ont pu jusqu'ici ni dissiper ni vaincre.

Tu te rappelles notre vieux domestique

Leblanc, qui est connu non-seulement des amis de la famille, mais encore de tous ceux qui la visitent, parce que son âge le porte à jaser, et semble en quelque sorte lui en donner le droit.

Il avait obtenu, il y a quelques jours, la permission d'aller voir sa fille, qui a épousé le cocher d'un gentilhomme dont la terre n'est pas éloignée de Belleville. Il revint hier soir, et il nous fit ce matin, avec cette bonhomie et cette familiarité naïve qui lui sont particulières, le récit de son voyage.

Mon père lui demanda des nouvelles de sa fille. Il répondit à cela très-brièvement; mais je m'aperçus à son air qu'il brûlait d'impatience de nous faire part de quelque autre circonstance. Il restait debout, derrière mon père, ayant une main appuyée sur le dos de son fauteuil, qu'il frottait avec autant de vivacité que s'il eût voulu en polir l'acajou. « J'ai été à Bel-

« leville, monsieur le comte, s'écria-t-il
« enfin. » Mon père garda le silence ; mais
Leblanc avait vaincu la première difficulté; il était entré en matière ; et il était
trop plein de son sujet pour résister plus
long-temps au désir qu'il éprouvait de
nous en entretenir.

« Quand j'eus quitté, monsieur, conti-
« nua-t-il, la grande route pour entrer
« dans l'avenue, je crus d'abord que je
« m'étais trompé, car je n'aperçus pas un
« seul arbre. Croyez-moi, monsieur, si
« vous voulez, mais je vous proteste que
« je me vis entouré de tous les corbeaux
« qui étaient habitués à y faire leurs nids,
« et qui volaient, en croassant autour de
« moi, comme s'ils eussent aussi cherché
« la grande avenue, et comme s'ils n'eus-
« sent su où se réfugier. La chaumière de
« votre nourrice, de cette bonne Lasune,
« où vous alliez si souvent, mademoiselle,
« vous reposer dans vos promenades, me

« dit-il en se retournant vers moi, est en-
« tièrement démolie ; il n'en reste qu'un
« seul poteau, qu'on a laissé pour que les
« bestiaux qu'on a mis pâturer dans les
« environs pussent venir s'y frotter. Vo-
« tre petit cheval arabe, monsieur, dont
« le marquis d'Origny exigea que vous
« lui fissiez présent en lui vendant la terre
« de Belleville, se trouvait confondu avec
« les autres; il était là, à l'ombre d'un
« débris de muraille, et sitôt qu'il m'a-
« perçut, le pauvre animal me reconnut,
« tout comme aurait pu faire une per-
« sonne raisonnable. Il vint à moi en hen-
« nissant, et continua de marcher près de
« moi, ayant la tête contre mon épaule.
« J'avais dans la poche un morceau de
« pain dont je m'étais pourvu le matin,
« par précaution; je le lui donnai, et il
« me suivit, pour en avoir encore, jus-
« qu'au pont-levis du château, je veux
« dire, monsieur le comte, jusqu'à l'en-

« droit où était le pont-levis, car il est dé-
« moli, ainsi que la grande porte voûtée.
« J'ai trouvé en place ce que Lesauvre
« m'a dit qu'ils appelaient un pont chi-
« nois, avec une porte..... attendez, je ne
« sais plus comment ils l'appellent : ce
« qu'il y a de certain, c'est que le mar-
« quis d'Origny vient rarement à Belle-
« ville pour y jouir de toutes ces belles
« nouveautés. Lesauvre m'a dit qu'il pas-
« sait onze mois de l'année à Paris, et
« qu'il n'était venu résider à la campagne
« pendant quelques jours, que pour y
« toucher de l'argent, qu'il avait ensuite
« été dépenser ailleurs. Je suis bien sûr
« que cette acquisition, malgré le grand
« marché qu'il a fait, ne lui profitera pas;
« et j'ai ouï dire, monsieur, à ma grand'-
« mère, qui était une femme d'un grand
« sens, que ce n'est pas tout d'avoir une
« grande fortune, qu'il faut encore de
« l'ordre, si on veut la conserver. »

Ici, Leblanc suspendit son récit. Je tremblais d'apercevoir, en levant les yeux, l'effet qu'il avait produit sur mon père; et le tableau que ce bonhomme venait de tracer si innocemment m'avait bien vivement affectée..... La chaumière de la bonne Lasune! cette chaumière qu'elle regrette tant, malgré les soins que nous nous donnons ici pour la lui faire oublier! Tu te la rappelles sans doute, mon amie; mais tu ignores tous les sentimens que ce souvenir douloureux a réveillés dans mon cœur!

Je hasardai pourtant de jeter, à la dérobée, un regard sur mon père. Il paraissait très-ému, et un air de dédain se mêlait à la douleur dont il était pénétré. Il fit un effort pour composer ses traits, et pour cacher le dépit auquel il était en proie. « Vous avez donc vu Lesauvre »? demanda-t-il froidement. — « Oui, mon-
« sieur le comte, lui répondit Leblanc;

« mais il est bien changé depuis qu'il a
« quitté votre service. Lorsque je l'aperçus
« d'abord, il était dans le jardin, cueil-
« lant des légumes pour son ménage. Il
« me parut bien triste quand il leva la
« tête, et qu'il m'eut reconnu, et je vous
« assure que je n'étais pas plus gai en re-
« gardant autour de moi. Quel spectacle
« affligeant! Le marquis n'a d'autre jar-
« dinier que Lesauvre, qui arrange tout
« le jardin par lui-même, sans compter
« une infinité de choses qu'on lui donne
« encore à faire; et le marquis ne lui per-
« met de prendre quelques ouvriers que
« lorsqu'il vient lui-même à Belleville.
« Aussi les allées, qui étaient si propres
« et si bien peignées, étaient toutes cou-
« vertes d'herbes et de taupinières; les
« charmilles étaient ouvertes de tous cô-
« tés, et les poules de Lesauvre se chauf-
« faient au soleil, au milieu des plates-
« bandes de fleurs. Il me fit entrer, et sa

« femme parut enchantée de revoir son
« ancien ami. Je m'aperçus qu'elle se
« tournait pour essuyer, avec un coin de
« son tablier, quelques larmes qui s'é-
« taient échappées de ses yeux. A peine
« fus-je assis, que les enfans se mirent à
« grimper sur moi pour m'embrasser. Le
« petit Jeannot me demanda des nou-
« velles de mamselle Isaure, sa maraine,
« et la petite sœur Javotte, comment se
« portait sa bonne petite maîtresse. Com-
« me ils vous aiment, mademoiselle, les
« pauvres enfans ! J'ai, me dit Nanette,
« deux nouvelles maîtresses qui ont de
« beaux habits, mais elles sont fières, et
« pas à beaucoup près aussi jolies que
« mamselle Isaure. Elle entendait parler
« des deux filles du marquis, qui l'ont
« accompagné à Belleville, et qui y
« ont passé quelques jours avec lui. Je
« souriais en écoutant ces petits enfans;
« mais le cœur me saignait, et je fus

« obligé de me détourner aussi pour es-
« suyer mes larmes

Ici, le bon Leblanc se détourna encore pour nous en dérober quelques-unes. Il continua d'une voix altérée : « Ah! mon-
« sieur le comte, comme ces braves gens-
« là vous aiment, ainsi que madame et ma-
« demoiselle ! Quoi qu'il en soit, il n'y a
« dans toute la maison que trois appar-
« temens qui soient garnis, dans l'un des-
« quels Lesauvre et sa famille sont ins-
« tallés ; les autres sont tapissés de toiles
« d'araignées ; les fenêtres en sont obs-
« curcies ; et en traversant ceux qui sont
« absolument vides et déserts, je frisson-
« nais en entendant résonner sous mes
« pieds, comme si j'avais marché dans
« une vieille cathédrale. »

« En voilà assez, Leblanc », dit ma mère à voix basse. Il y eut un instant de silence. Mon père fit, d'un air indifférent, quelques questions sur le temps. J'étais assise, plongée dans une profonde rêverie, dont je ne fus tirée que lorsque ma mère, qui s'en aperçut, me frappa légèrement la joue en prononçant : « Isaure », d'un ton un peu sérieux, et comme pour m'engager à m'observer devant mon père. Je tressaillis en revenant à moi ; mais, incapable de feindre une tranquillité dont j'étais très-éloignée, je me levai, et je sortis de l'appartement. Lorsque je fus seule, le récit de Leblanc se présenta avec une nouvelle force. Son effet ne fut cependant pas très-violent. Ce n'est pas sur les cœurs qui s'affectent aisément que le chagrin exerce le plus sa puissance redoutable. Mes pleurs coulèrent avec abondance, et bientôt je pus penser à Belleville avec plaisir, même en songeant qu'il appartient maintenant à un autre. Ils peuvent, ma Julie, en couper les arbres, en détruire les avenues; ils ne pourront jamais le défigurer au point de n'y laisser aucun aliment aux souvenirs de ton Isaure. Je serais maintenant fâchée, je crois, d'être née dans la capitale; car lorsqu'en parlant de Belleville, je dis encore, mon ruisseau, ma grotte, ma colline, il me semble que je parle d'amis dont le souvenir me dilate le cœur. Ils ont pour moi, quoiqu'ils aient cessé de m'appartenir, quelque chose d'attachant; je me plais à me retracer leurs beautés, et je trouve une grande consolation à gravir souvent jusqu'au sommet d'un coteau voisin, parce que j'aperçois de ce point les hautes montagnes dont les revers couvrent et protègent la vallée de Belleville.

Il n'en est pas de même de mon père. Il est encore profondément affligé du récit que Leblanc vient de lui faire. L'effet douloureux que ce récit a produit en lui est encore dans toute sa force, et il n'y a pas une heure que, ma mère et moi étant occupées à causer de choses absolument indifférentes, et sur lesquelles il ne nous avait accordé que quelques monosyllabes, il rompit tout à coup la conversation pour nous dire avec fierté qu'il était tenté d'envoyer redemander au marquis d'Origny son cheval arabe, puisqu'il paraissait ne pas s'en soucier, et qu'il en prenait aussi peu de soin. Ma mère le détermina, par la crainte d'un refus, qui lui aurait été extrêmement sensible, et qui aurait pu provoquer quelque fâcheux résultat, à abandonner cette idée ; mais ce ne fut pas sans quelque difficulté.

Ceux qui n'ont jamais connu la prospérité peuvent rarement se dire malheureux : c'est le souvenir du bonheur qui aiguise les dards de l'affliction. Nous devons trembler, mon amie, lorsque nous jouissons d'une félicité pure, par la crainte fondée de voir bientôt son cours troublé ou interrompu. Le ciel veut sans doute nous porter, par ces épreuves, vers la recherche d'un bonheur plus pur et plus durable, et nous obliger par-là à ne considérer comme parfaitement heureux que ceux qui, jetant un regard en arrière, peuvent envisager leur vie passée, non comme le journal de leurs plaisirs et de leurs jouissances, mais comme les annales de leurs vertus.

Pardonne, Julie, ce petit sermon. J'ai des chagrins, j'ai des loisirs, et je laisse courir ma plume. Tu sais combien je suis à toi dans quelque situation que je me trouve.

LETTRE III.

Isaure à Julie.

———

« J'épancherai, t'ai-je dit, mon cœur
« dans le sein de l'amitié..... » Celui qui
est malheureux ne peut résister au besoin
de se plaindre; et il trouve de la consolation à le satisfaire, lors même qu'il n'a
rien à espérer de ses plaintes.

Est-ce manquer à mes devoirs, que de
t'entretenir des faiblesses d'un père? Le
ciel connaît mon cœur et toute la tendresse que je lui porte; s'il m'était moins
cher, les chagrins qui l'accablent ne me
causeraient que de légères inquiétudes,
dont je ne t'entretiendrais pas; mais je
crains que mon amour pour lui, que le

vif intérêt que je porte à son bonheur, ne m'entraînent dans un excès condamnable, lorsque je me permets de blâmer en lui une impuissance d'être heureux, que je ne puis cependant m'empêcher de sentir, ni même de justifier, quand je parviens, pour quelques instans, à me mettre à sa place.

Et ma mère aussi !.... Ah! s'il savait combien l'âme angélique de cette tendre épouse est ulcérée de son peu de résignation, de son impatience à supporter l'adversité !.... Mais, insensée que je suis, d'oser juger ses sensations par les miennes! J'oublie, en blâmant sa trop grande sensibilité, combien il a de droits à ma commisération, à mon respect.

Il fut obligé, ce matin, de se rendre à la ville voisine, pour y conférer avec un procureur de Paris, qui lui avait donné rendez-vous pour ses affaires. Il nous annonça en partant qu'elles le retien-

draient toute la journée. Le temps était affreux, la soirée froide et orageuse, et nous avions souvent, ma mère et moi, regardé dehors, en songeant combien il aurait à souffrir durant son retour. « Ah!
« Isaure, me dit-elle plusieurs fois en en-
« tendant le vent siffler avec violence, et
« tourmenter les arbres qui entourent le
« jardin, ah! Isaure, combien ton pau-
« vre père aura de mal à regagner la mai-
« son! » J'essayais de la consoler, en lui rappelant que j'avais entendu dire à mon père qu'un homme peut supporter beaucoup de ces petites contrariétés sans s'en trouver plus malheureux; qu'il préférait, lui, en pareil cas, voyager à cheval plutôt qu'en voiture, parce qu'alors l'inclémence du temps lui faisait plus vivement sentir, quand il arrivait chez lui, les avantages d'un bon feu et d'un toit hospitalier.

Au mot *voiture*, ma mère laissa échapper un soupir, et je fus fâchée de l'avoir prononcé. Nous fixions le feu en silence ; je venais de le ranimer, afin qu'il pût sécher mon père que nous attendions à chaque instant, lorsque nous distinguâmes le pas des chevaux qui entraient dans la cour. « Il arrive, s'écria ma mère ! » Je m'élançai vers la porte pour le recevoir, et je la lui ouvris avant que le domestique, qui se pressait, pût se présenter avec de la lumière. « C'est vous, Isaure », me demanda mon père d'une voix altérée, et que je reconnus à peine. Il m'avait devinée; il connaissait sa fille !... Combien je lui en sus gré ! Je rencontrai à tâtons sa main humide et glacée, et, en la saisissant pour guider ses pas chancelans, je la couvris de baisers, en essayant de la réchauffer entre les miennes. A peine fut-il entré, que j'offris de le débarrasser de sa capotte dont l'eau ruisselait de toutes parts. Je tâchais en vain de lui rendre ce service. « Doucement donc, ma fille, me dit-il

« sèchement, vous m'arrachez le bras. »
Quel mal il me fit ! Jamais il ne m'avait
parlé ainsi..... Mais à peine l'eus-je fixé,
à peine eus-je remarqué l'altération de
ses traits, que je ne souffris plus que pour
lui.

Ma mère le fit approcher du feu, et lui
présenta son fauteuil. « Comme vous êtes
« mouillé, mon ami, lui dit-elle; que
« vous avez froid ! Leblanc, aidez-moi à
« changer votre maître.... Isaure, chauffez
« ces vêtemens. » Mon père jeta ses gants,
son fouet et son chapeau, et ne répondit
rien. Quand il fut changé et réchauffé,
nous nous mîmes à table. J'avais placé
devant lui une pâtisserie qu'il aimait
beaucoup quand c'était moi qui la lui pré-
parais, et que je m'étais amusée à faire.
Je l'avais entourée d'une bordure de fleurs
que le mauvais temps ne m'avait pas empêché de cueillir. Il fixa ce mets, fronça
le sourcil, et lorsque je jouissais d'avance

de l'espoir de voir mes soins récompensés par un sourire, il se leva tout à coup avec vivacité, enleva la bordure de fleurs et la jeta au feu, en s'écriant d'un ton irrité : « Ma fille, ces puérilités ne sont plus de « saison. » Ah! mon père, mon père! il faut que vous vous soyez senti bien malheureux pour avoir été aussi cruel, aussi injuste à mon égard! Cette scène était au-dessus de mes forces. J'ai eu tort, Julie, très-grand tort sans doute de ne lui avoir pas caché ma peine; mais des pleurs coulèrent aussitôt de mes yeux. Il me regarda sévèrement, proféra quelques paroles entrecoupées que je ne pus comprendre, se leva, et sortit de l'appartement, dont il ferma sur lui la porte avec violence. Je me jetai au cou de ma mère et je fondis en larmes.

Mon père rentra. Le souper fut triste et silencieux; ce qui venait de se passer m'affligeait beaucoup. Ma mère, avec une aisance apparente, mais d'une voix défaillante et qui la trahissait, offrit à mon père de cette malheureuse pâtisserie ; il la refusa sans répondre, avec un geste d'impatience. Personne n'y toucha, n'aurait osé y toucher ; les domestiques mêmes la regardèrent comme un mets proscrit; je la vis encore, le lendemain, dans l'office, et je la jetai avec un serrement de cœur. Quant à moi, je n'osais envisager mon père ; je tremblais chaque fois que Leblanc sortait de l'appartement, et je fus réduite à trouver, dans la présence de ce domestique, une espèce de protection que je craignais de perdre. A peine eut-on desservi, que mon père se plaignit qu'il était fatigué, et qu'il avait besoin de repos. Ma mère saisit cette occasion pour lui offrir de l'accompagner; seule, elle me souhaita le bonsoir, et je répondis comme si je me fusse adressée à l'un et à l'autre.

Ah! Julie, dans ces jours fortunés où, près de toi, je donnais cours à des projets d'un bonheur fantastique, je me suis plue quelquefois à tracer le portrait d'un mari..... n'importe lequel, qui me consolait des peines dont la vie est parsemée. Je lui souriais, les yeux humides de tendresse et de reconnaissance..... Nos enfans se jouaient autour de nous, et nous nous amusions de leur innocente gaîté. Nous leur apprenions à être heureux, bienfaisans et modestes : ils embellissaient notre petit ermitage, et leur sourire en faisait un palais. Je jouissais avec ravissement de ce rêve enchanteur; mais déjà l'infortune empoisonnait ce tableau du bonheur..... Ah! mon père, était-ce à vous à détruire cette flatteuse illusion?

———

J'avais, hier soir, écrit jusqu'ici. Fatiguée de la scène douloureuse dont, sans l'avoir mérité, j'avais été victime, je ne me sentais guère disposée à me livrer au sommeil. Je posai cependant la plume avec l'intention de me coucher, mais je restai assise à la même place, plongée dans cet état de méditation vague qui, sans s'arrêter sur aucun objet, repose l'imagination en lui permettant d'errer sur tous. Ma pendule, en frappant une heure, me tira de cette rêverie léthargique ; j'étais alors avec ma Julie, et je me couchai dans l'espoir de continuer à rêver d'elle.

Pourquoi, en m'éveillant, fus-je aussitôt rendue au sentiment des chagrins qui m'avaient tourmentée la veille ! Toute ma famille n'en est-elle pas accablée, et ne dois-je pas sans murmurer me soumettre à en supporter ma part ? Je trouvai ma mère levée. La douceur, le calme de la résignation embellissaient encore son visage. Femme angélique ! elle m'aurait convaincue, en ce moment, si j'en eusse eu besoin, combien elle est au-dessus de sa fille en résignation et en vertus. Elle ne me dit rien sur ce qui s'était passé la veille ; elle paraissait même éviter de me donner occasion de l'en entretenir. Si elle eût craint de rappeler le plus léger tort de la part de son mari, elle eût souffert d'entendre sa fille se plaindre d'un père ; car telle est l'opinion qu'elle s'est faite d'un père et d'un mari, qu'elle se croit autant obligée à cacher ou à atténuer leurs torts qu'à proclamer et à faire valoir leurs qualités. Oui, Julie, cette femme est un ange; et cependant je crains que ses forces n'égalent pas son courage, et que le résultat de ses souffrances ne prouve malheureusement que trop qu'elle n'est qu'une femme.

Elle me conduisit, en souriant avec bonté, vers mon père que j'embrassai. Il

me prit la main. « Isaure, me dit-il avec
« un peu d'embarras et d'un ton qui
« m'alla au cœur; Isaure, je veux une
« pâtisserie de votre main pour dîner....
« Entendez-vous, je vous la recom-
« mande. » Puis, faisant un effort, il
ajouta : « Vous aurez soin de la décorer
« d'une guirlande de fleurs de votre jar-
« din. » J'aurais voulu, en ce moment,
me jeter dans ses bras; mais je tombai à
ses pieds. J'aurais craint de lui laisser
croire que je pardonnais un tort lorsque
j'éprouvais la plus vive reconnaissance
d'une faveur. Ah! mon amie, pour en
obtenir d'aussi précieuses j'irais, je crois,
jusqu'à désirer que mon père eût souvent
des torts avec sa fille, puisqu'en goûtant
un plaisir aussi vif, je me trouvais dédom-
magée au centuple de tout ce que j'avais
souffert. C'est à toi que je le dois, mère
tendre et respectable! Pour me le procurer, tu fus sans doute obligée d'épuiser

sur toi, la veille, toute l'humeur et la brusquerie d'un cœur aigri et ulcéré.

Mon père ne me dit rien de plus. Il nous quitta après le déjeuner, monta à cheval, et ne revint que pour dîner. Je regrettais de le voir encore s'éloigner de nous, car il pouvait rentrer avec de nouveaux sujets de chagrins ; et j'appréhendais son retour, lorsque je le vis paraître dans l'avenue, accompagné d'un individu de fort bonne mine et très-élégamment monté. Dès qu'ils furent entrés, mon père nous le présenta, et nous reconnûmes aussitôt le comte de Montalban, d'une fortune et d'un rang considérables. Nous l'avions deux ou trois fois rencontré dans les environs : il avait eu même, peu auparavant, quelques rapports avec mon père, qu'il était venu voir quelquefois en particulier ; mais je ne me rappelle pas de t'en avoir jamais parlé. Ce n'est pas un de ces hommes tellement intéressans à la première vue, que leur souvenir se grave profondément dans la mémoire ; cependant son mérite est généralement reconnu, et son amitié pour mon père, quoique de nouvelle date, n'en est, par cette raison, et dans notre situation actuelle, que plus précieuse et digne de notre reconnaissance. Nous connûmes son histoire peu après son arrivée en ce pays, et il nous l'a depuis confirmée lui-même ; car quoiqu'il ne possède pas cette ouverture et cet abandon qui nous portent quelquefois à entretenir les autres de nous-mêmes, il est cependant doué de cette noble confiance et de cette élévation qui ne laissent craindre sur notre caractère, nos sentimens et notre conduite, aucun examen, aucune censure.

Son père était frère unique du dernier comte François de Montalban : sa mère, issue d'une des premières familles d'Espagne, était morte en lui donnant le jour; et ayant peu après perdu son père dans les guerres de Flandre, son oncle prit soin de son enfance, de son éducation, et l'avait élevé près de lui. Cependant ayant cru apercevoir plus tard, dans cet oncle, l'oubli de ces égards et de ces attentions auxquels un aussi proche parent que lui avait droit de s'attendre, et rougissant de se voir, en quelque sorte, traité comme s'il eût été condamné à une avilissante dépendance, il quitta furtivement la France, se rendit en Espagne, où il fut reçu à bras ouverts par la famille de sa mère, qui lui procura du service; et bientôt ses talens le mirent à même de tenir un rang distingué dans l'armée espagnole, et de se signaler pendant plusieurs campagnes, dans lesquelles il acquit une grande réputation militaire. Son oncle étant mort célibataire il y a environ un an, il se trouva l'unique héritier de son immense fortune, dont une partie est située dans nos environs, et revint en France pour la recueillir. Depuis lors, il a souvent résidé dans cette province pour l'arrangement de ses affaires ; et sa présence y est devenue d'autant plus indispensable, que le feu comte de Montalban, qui habitait une terre magnifique à peu de distance de notre retraite, y avait vécu, pendant plusieurs années, sous le gouvernement d'un nombre de domestiques avides et fripons, qui, profitant de ses infirmités, avaient, pour cacher leurs malversations, tellement embarrassé ses affaires, que l'héritier actuel avait eu beaucoup de peine à éclaircir ce chaos.

Quoique le séjour habituel d'un grand seigneur à la campagne soit une chose assez rare pour donner un certain prix à un tel voisinage, cependant l'opulence et le rang distingué du comte de Montalban étaient, au contraire, des motifs qui portaient mon père à éviter de se lier avec lui. Le comte trouva, malgré cet obstacle, le moyen de faire sa connaissance, qu'il parut rechercher avec un empressement qui flatta l'amour-propre de mon père ; non en offrant des services, mais en sollicitant des faveurs.

Il avait créé, dans une jolie campagne qui touche à la nôtre, et où il vient prendre le plaisir de la chasse, une promenade délicieuse, qui, en parcourant sa propriété, se trouvait coupée par une partie de la nôtre. Cette petite portion de notre domaine aurait été, par cette raison, une acquisition bien désirable pour lui, mais au lieu de proposer à mon père de la lui vendre, il lui demanda, à titre de grâce, et avec cette délicatesse qu'exigeait notre situation, de lui permettre d'ouvrir notre clôture, et d'y pratiquer un passage, afin de pouvoir continuer cette promenade jusqu'à l'extrémité de son terrain. Une faveur demandée avec autant d'égards et de ménagemens ne pouvait être refusée. Mon père parut jouir en se trouvant encore à même d'obliger et de rendre service à un homme tel que Montalban. Celui-ci vint faire une visite de remercîment qui fut suivie de quelques autres. Mon père le reçut avec bienveillance, et conçut de lui, dès ce moment, une opinion très favorable. Il fit dès-lors, à ma mère et à moi, l'éloge le plus flatteur de ce voisin, et depuis cette époque leur liaison, qui d'abord n'avait été que superficielle, acquit bientôt toute l'étendue de la plus affectueuse amitié.

Sous beaucoup de rapports leur manière de voir et de penser est la même. L'honneur est l'idole de l'un et de l'autre. Si Montalban, militaire, Espagnol du côté de sa mère, et ayant long-temps habité l'Espagne, porte la délicatesse sur l'honneur jusqu'à un point vraiment héroïque, mon père, depuis ses malheurs, est devenu encore plus susceptible sur cet article. Montalban a un caractère sombre et mélancolique, et celui de mon père l'est devenu par l'infortune. Montalban a, par principes, une mauvaise opinion des hommes; opinion que mon père partage et pousse jusqu'au dégoût, depuis qu'il a eu autant à s'en plaindre. Le mépris qu'ils ont l'un et l'autre pour l'espèce humaine devient souvent le sujet de leurs conversations; ils paraissent aimer à s'en entretenir; ils semblent s'estimer davantage en proportion de ce qu'ils mésestiment les autres, et leur amitié s'accroît de l'éloignement qu'ils ressentent pour eux. Je ne sais comment cela se fait; mais j'ai remarqué que les liaisons les plus intimes s'établissent souvent autant par une sympathie d'aversion que par un rapport de goûts.

Il y a dans le caractère du comte quelque chose d'austère, d'intolérant même, que mon père appelle grandeur d'âme, mais que, comme femme, je ne me sens pas le courage d'admirer. Une indulgente bonté a, je ne sais pourquoi, plus de mérite à mes yeux qu'une inflexible vertu. Cette vertu repoussante manque souvent son but, et y atteint moins sûrement que l'indulgente bonté de ma mère.

Je suis cependant pénétrée de reconnaissance des attentions que le comte témoigne à mon père, de son assiduité près de lui, et des soins qu'il se donne pour obliger et consoler sa famille. Quand je réfléchis combien cette amitié nous est précieuse, je tâche d'oublier cette intraitable sévérité qui, malgré moi, m'indispose contre lui.

Je voulais, Julie, te faire son portrait, et je m'aperçois que j'ai terminé ma lettre sans l'avoir même ébauché. Je t'ai fait connaître son caractère sans t'avoir rien dit de sa personne; quoique dans une correspondance de femme à femme, ce soit, dit-on, presque toujours par-là qu'on commence. Son extérieur est celui d'un militaire distingué; son maintien a beaucoup de noblesse et d'aisance. Ce n'est pas ce que nous appelons un joli homme; il a quarante ans; mais il est grand, bien fait, de fort bonne mine, et dans son regard, où se peint son âme, il règne un air de dignité qui tient un peu de la hauteur. Enfin, pour te donner une idée précise de ce que j'en pense, je te dirai que Montalban est fait pour commander le respect de tous, l'estime du plus grand nombre, mais que je doute qu'il possède ce qui peut toucher et captiver une femme.

Sa société nous a été aujourd'hui d'un grand secours. Seuls, nous avions l'air de nous observer, et d'être intérieurement occupés de ce dont nous voulions paraître avoir perdu le souvenir. La visite et la conversation de ce voisin nous mirent à l'aise. Mon père, et je suis obligée d'en faire l'aveu, qui, ainsi qu'il arrive souvent en pareil cas, avait peut-être plus souffert que ma mère et moi de sa conduite à mon égard, parut aise de trouver une occasion de me la faire entièrement oublier, et de rétablir l'harmonie dans sa famille. Il était plus gai que je ne l'avais vu depuis long-temps, et il pressa son nouvel ami de passer le reste de la journée avec nous. Montalban s'excusa d'abord sous le prétexte de quelques affaires qu'il avait à terminer chez lui ; mais mon père ayant insisté, le comte céda enfin à ses instances. Il paraît être réellement très-attaché à mon père, et semble trouver dans sa société plus de plaisir que je ne l'aurais cru capable de rencontrer dans aucune.

Tu es actuellement, mon amie, bien dans ma dette. Je n'exige pas de toi lettre pour lettre; mais écris-moi, je t'en conjure. Dis-moi tout ce qui se présentera au bout de ta plume. Ne me laisse même ignorer aucune des bagatelles qui peuvent t'intéresser, et me rapprocher de toi en idée; car rien ne m'est indifférent de ce qui te regarde. Tu vois, pour t'encourager à écrire, combien de papier je suis parvenue à noircir en t'entretenant uniquement de mes peines : ah ! quand donc viendra le temps où je pourrai t'entretenir encore de mes plaisirs !

LETTRE IV.

Le comte de Montalban au marquis de Segarva.

Vous m'avez vu, mon ami, quitter l'Espagne avec regret, quoique ce fût pour rentrer dans ma patrie et dans l'héritage de mes pères. Je tremblais en pensant au dérangement que les infirmités de mon oncle devaient avoir amené dans ses affaires, et au chaos que j'aurais à éclaircir. Il ne m'a fallu cependant qu'un certain degré de patience pour y parvenir, et j'en suis venu à bout, beaucoup plus tôt que je n'aurais osé l'espérer. Ce travail ennuyeux m'a, dans le début, extrêmement fatigué; mais j'ai fini par le trouver moins rebutant qu'il ne m'avait paru d'abord. Vous savez assez combien je désapprouve cette inconstance et cette légèreté nationale qui caractérisent si malheureusement mes compatriotes, et les empêchent de s'occuper long-temps de choses sérieuses; cependant, j'ignore comment cela se fait, ils commencent à me faire revenir de cette prévention défavorable; et souvent, tandis que je m'apprête à les fronder sévèrement, je me surprends, entraîné malgré moi par leurs qualités aimables, à sourire et à m'amuser de leurs travers.

Vous vous rappelez, Segarva, que je me sauvai de Paris comme s'il eût été infecté de la peste. Les grandes villes contiennent certainement d'excellens sujets; mais les vices et l'extravagance y dominent tellement, qu'une recherche après ceux qui n'en sont pas atteints donnerait une peine dont on ne serait peut-être pas dédommagé par le succès. Indépendamment de la supériorité de leur nombre, les hommes vicieux sont toujours prêts à se jeter au-devant de vous, tandis que les autres font tout ce qu'ils peuvent pour éviter d'être aperçus.

La campagne offre un coup-d'œil bien différent. On y rencontre, à la vérité, des imbécilles et des importuns qui vous fatiguent de leurs sottises, et des fripons, car il y en a par-tout, qui vous trompent sans pudeur; mais on y voit moins d'hypocrisie; on s'y masque plus rarement; et si les hommes, dans leur difformité, ne valent pas mieux, au fond, dans une situation que dans une autre, ils n'ont au moins, dans les champs, que le degré de perversité qu'il ont apporté en naissant, et dont la nature les a pourvus. J'y ai rencontré aussi beaucoup de femmes insignifiantes et ennuyeuses, et sauf quelques connaissances très-superficielles en musique, en madrigaux, en énigmes et en romans, ces femmes nulles, sous tous les rapports, n'intéressaient ni mon jugement ni mon cœur. Je puis supporter assez patiemment l'ignorance, mais la prétention à l'esprit me donne de l'humeur.

Je dois faire une singulière figure au milieu de tous ces êtres-là. Je suis obligé, remplaçant mon oncle, de les accueillir, et de recevoir une foule de parens bien ridicules, et dont je n'avais jamais entendu parler. Ils ont, je l'avoue, une patience étonnante avec moi, et ne m'ont pas trouvé aussi extraordinaire que vous me l'aviez prédit.

Mais ils m'excèdent par leur excessive politesse. Ils s'imaginent qu'un homme ne peut être heureux seul, et ils me fatiguent et m'ennuient souvent par pure bonté de cœur. J'ai vainement entrepris de les dissuader, ils sont sourds à toutes mes insinuations; et ceux qui paraissent me comprendre me regardent comme un homme intraitable que le sol espagnol a gâté, et qui n'en a rapporté qu'une morgue silencieuse, et un orgueil insupportable. Je n'en suis pas fâché, je désire même que cette opinion s'étende ; cependant il est cruel d'être réduit à inspirer l'aversion pour se mettre à l'abri de la sottise.

Je distingue de cette foule un seul voisin, dont le caractère sympathise avec le mien. Il a appris à être sérieux à l'école du malheur ; je l'aime pour cela : mais le malheur ne lui a pas appris à être humble, et je l'en aime davantage. Il est une sorte de fierté inséparable de la dignité de l'homme, et un infortuné doit, plus que tout autre, en être pourvu.

C'est le comte Pierre d'Aubignie. Il est d'un rang qui, seul, assure peut-être une certaine élévation de sentiment. La perte d'un procès considérable l'a tellement écrasé, qu'il fut réduit à vendre tous ses biens, qui, en y comprenant la terre magnifique de Belleville, lui rendaient environ cent mille livres de rente, et à se retirer dans une petite maison de campagne, unique débris de sa fortune, située au milieu de mes propriétés, et qui lui en rend à peine six. On doute même qu'il puisse la conserver, et l'on prétend que, malgré les sacrifices qu'il a faits, il n'est pas encore entièrement libéré. Si cela est ainsi, je le plains bien sincèrement, puisqu'il n'est pas de ces hommes que l'on puisse secourir; et Dieu sait alors ce qu'il deviendra. Je tiens ces détails de mon intendant, qui m'insinua dernièrement que ce bien étant à ma convenance, je pourrais en faire l'acquisition à un prix avantageux, lorsque incessamment son possesseur sera obligé de s'en défaire.... Jamais, Segarva, je n'achèterai la dernière dépouille du malheureux; et actuellement que je connais d'Aubignie, je ne serais capable de faire cette acquisition que pour la lui remettre; mais il n'est pas homme à recevoir, et il mourrait sous le chaume, plutôt que d'y consentir. J'ai sèchement repoussé la proposition de mon intendant, quoiqu'il n'ait rempli que son devoir; parce qu'il m'a rappelé ces ambitieux qui dévorent la terre, et qui feraient volontiers un désert autour d'eux, pourvu qu'ils en fussent les maîtres. Quant à moi, j'éprouve plus de plaisir à devenir l'ami d'un homme estimable, que la fortune a rendu le jouet de ses caprices, qu'à me rendre possesseur de nouveaux biens.

Ce que j'avais appris à mon arrivée en ce pays, sur le compte de d'Aubignie, me fit éprouver le désir de faire sa connaissance. Je trouvai ce désir difficile à satisfaire, parce que la distance que les grands caractères conservent dans l'adversité l'éloignait de toute espèce de société. Ce ne fut qu'en caressant en quelque sorte sa misantropie, qu'en évitant de me jeter au-devant de lui, et de paraître le rechercher, que je parvins insensiblement, et comme par hasard, à le connaître. Il me reçut d'abord chez lui, sans m'astreindre à cette étiquette gênante dont m'accablent les gentilshommes campagnards qui m'environnent. Il me traita sur le pied d'une parfaite égalité, et il eut raison, car, sous tous les rapports, il est digne d'être mon égal. Il ne se croit pas obligé, quand je suis chez lui, de m'assourdir continuellement d'un fatigant bavardage, et nous passons quelquefois ensemble toute une matinée satisfaits l'un de l'autre, quoique nous n'ayons pas proféré une douzaine de phrases.

Son esprit a été perfectionné par la plus brillante éducation, et éclairé par des voyages utiles. Son cœur a été de bonne heure empreint des principes les plus purs et les plus vertueux. Il a l'âme la plus libérale; il est très-scrupuleux sur l'honneur; et l'adversité, loin d'affaiblir, n'a fait que fortifier ces précieuses qualités.

S'il m'était permis de lui chercher quelques défauts, je vous dirais que j'ai observé en lui un degré d'humeur contre l'espèce humaine, qu'elle mérite sans doute, que je partage, et qu'il serait cependant raisonnable de restreindre dans de justes bornes. Il me semble aussi que les regrets que sa situation actuelle lui fait ressentir entrent pour beaucoup dans l'éloignement qu'il témoigne pour toute espèce de société, et prouvent qu'il est vaincu par l'infortune : mais je n'ai jamais connu l'infortune; et il ne m'est pas permis de sonder indiscrètement la plaie d'une de ses victimes.

La famille de cet homme respectable se compose de sa femme et d'une fille unique, âgée de dix-huit ans, toutes deux aussi estimables que lui. Je n'ai pas actuellement le loisir de vous entretenir d'elles, peut-être y reviendrai-je dans un autre moment. Je ne me suis étendu autant sur le comte d'Aubignie, que parce qu'un homme de ce caractère serait votre ami, si vous étiez près de lui. Le nombre des hommes estimables est si petit, que quelques centaines de lieues ne doivent pas empêcher qu'ils se connaissent; et cela est même nécessaire, puisque nos vertus se fortifient toujours de celles que nous rencontrons dans les autres.

Continuez, je vous prie, vos soins obligeans aux petits intérêts que j'ai laissés en Espagne. Assurez le paiement des pensions que j'ai accordées, en partant, à ceux des domestiques de la famille que je n'ai pu emmener en France. Je compte peu sur la reconnaissance des hommes; mais, en récompensant des services toujours intéressés, je remplis un devoir indispensable, dont l'ingratitude ne saurait me détourner. Adieu, mon ami; puissé-je à mon tour être assez heureux pour vous être utile; tous mes vœux seront comblés. Adieu.

LETTRE V.

Montalban à Segarva.

Je vous ai tracé, mon cher Segarva, dans ma dernière lettre, le portrait du chef respectable de cette famille malheureuse dont à mon arrivée en ce pays j'ai cru devoir cultiver la connaissance. Il me reste à vous faire connaître sa femme et sa fille : je me rappelle de vous l'avoir en quelque sorte promis. Peut-être trouverai-je quelque plaisir à m'acquitter de cette promesse ; et puisque je vous consacre mes loisirs, autant que je vous parle d'elles que d'autre chose.

Madame d'Aubignie paraît avoir été une très-belle femme, et si je m'en rap-

porte à un portrait qui fut fait à l'époque
de son mariage, elle dut être alors une
beauté parfaite. Il règne dans son regard
une espèce de calme qui semble n'être
que le comble de la résignation : ses
traits sont empreints de cette douleur
tranquille qui excite plus notre vénération que notre pitié. Elle s'est soumise à
l'adversité, tandis que son mari luttait
en vain contre elle; et l'espèce d'agonie
convulsive qu'il éprouve dans cette lutte
rend le contraste encore plus frappant.
J'ai appris une particularité qui peut
rendre compte de cet étonnant contraste.
Madame d'Aubignie apporta en dot à son
mari une fortune considérable que ce fatal
procès a totalement engloutie. Les regrets
qu'éprouve le mari prennent leur source
dans le même motif qui a conduit la
femme à une généreuse résignation, et
rien ne fait mieux l'éloge de l'un et de
l'autre.

Elle est guidée dans sa conversation par la même sérénité et par la même douceur : elle parle de la société dans laquelle elle a joué un rôle brillant comme d'une scène dont elle n'aurait été que simple spectatrice, et dans laquelle il se trouve quelque chose à louer pour sa vertu, à pardonner pour son indulgence, et elle adoucit l'amertume des observations de son mari par quelques traits palliatifs que l'expérience lui suggère.

Sa consolation est dans la religion, cette amie du malheur, qu'elle a scrupuleusement observée même dans des temps plus heureux. L'adversité ne l'a cependant pas jetée dans les excès de l'intolérance : sa piété est douce et modeste, et son langage est indulgent. J'ai souvent remarqué que ceux qui donnent dans une dévotion outrée, inflexibles pour le prochain, sont rarement en paix avec eux-mêmes, tandis que ceux qui, comme madame d'Aubignie, jouissent d'une paix intérieure, sont rarement en guerre avec les autres. Le feu dévorant d'une excessive piété s'alimente plus de la vanité que du bonheur. Comme la torche de l'opulent, il tourmente celui dont il s'empare, tout en éblouissant les autres; tandis que la piété modeste, comme la lampe du paisible villageois, éclaire et console sa petite famille sans être aperçue du dehors.

Mais sa fille! Segarva, son aimable fille!..... comment entreprendre de la peindre! A toute la bonté et la candeur de sa mère elle joint la noblesse, la générosité et la grandeur d'âme de son père. Ses yeux, lorsque son cœur n'est pas agité, présentent le tableau séduisant de la douceur ravissante de son sexe; mais lorsque le sentiment ou le plaisir les anime, comment peindre tout ce qu'ils expriment, tout ce qu'ils inspirent! Ah! Segarva, elle est une *fille unique* dans toute l'étendue du terme ! Lorsque j'écoute d'Aubignie, je déteste le vice ; lorsque j'entends sa femme, je plains le vicieux : mais le prestige enivrant de la voix d'Isaure fait vibrer la vertu dans mon cœur et l'élève au-dessus de l'humanité.

Parlerai-je de sa beauté et des grâces répandues sur toute sa personne, de ces grâces qui exciteraient l'admiration de ceux même qui seraient incapables d'apprécier les charmes de son esprit et les qualités de son cœur ! Parlerai-je d'une figure enchanteresse qui efface tout ce que sa mère, dans son éclat, a jamais été ! Il règne dans son ensemble quelque chose d'entraînant et d'irrésistible ; et l'on ne peut juger son extérieur sans apprécier en même temps sa belle âme, parce que l'un et l'autre sont toujours en rapport, et qu'il existe entre eux la plus parfaite harmonie.

Elle est totalement étrangère à cette légèreté si ordinaire aux jeunes personnes de son sexe. Son caractère penche vers la mélancolie. Cependant sa piété filiale la jette, pour distraire et consoler son père, dans des efforts de gaieté qui ne sont au vrai qu'une victoire remportée sur le calme invariable qu'elle possède. Cette douce mélancolie pourrait être regardée comme un défaut dans Isaure; mais si les chagrins qu'a éprouvés sa famille sont de nature à ce que tout être qui n'est pas privé de la faculté de sentir ne puisse y penser avec indifférence, combien, à plus forte raison, ces chagrins n'ont-ils pas dû influer sur celle qui les partage !

Ce n'est, mon ami, que lorsqu'elle peut faire des heureux qu'elle paraît être véritablement heureuse. Nos villageois parlent d'elle avec ravissement, admiration et reconnaissance : ils ne tarissent pas sur l'extrême bonté, l'aimable condescendance et la grâce inexprimable avec lesquelles elle répand les bienfaits et les consolations parmi les infortunés de nos alentours : elle se mêle, dans les fêtes champêtres, aux jeux innocens des bons cultivateurs avec une complaisance sans exemple. Je me suis senti moi-même entraîné, dans ces circonstances, loin de ma gravité ordinaire, et j'en ai recueilli une satisfaction bien vive..... Si vous m'eussiez vu danser hier au milieu des vendangeurs, vous eussiez peut-être rougi pour votre ami..... Mais je dansais avec Isaure !

Je suis arraché à ce séduisant tableau par l'approche de celle que j'ai vainement essayé de peindre, car le plaisir de la chasse m'a fixé, depuis quelque temps, à un charmant pavillon qui touche à l'asile des d'Aubignie. Le père vient de me faire prévenir qu'il allait s'y rendre, pour y voir les résultats de quelques expériences que je viens de tenter en agriculture. Il est parfaitement instruit dans cette partie, et il en a fait jadis son principal amusement. Quant à moi, loin de pouvoir rivaliser ses succès, je m'attends à y perdre de l'argent; il ne sera cependant pas perdu pour tout le monde; et quand je ne ferais que me convaincre que mes essais ne peuvent réussir, j'aurai au moins rendu quelques services à mes voisins. Il me semble que la présence d'Isaure, que son approbation de mes efforts, si ce n'est de mes succès dans une tentative aussi utile, me dédommageront amplement de mes peines... Mais j'aperçois la famille qui s'approche... ou plutôt je n'y vois qu'Isaure.... Adieu, mon ami, pardonnez-moi de vous quitter sitôt.... je vole à sa rencontre.

LETTRE VI.

Isaure à Julie.

Tu me plaisantes, Julie, sur le comte de Montalban avec cette gaieté piquante qui assaisonne tout ce que tu écris. Tu cherches sans doute à m'égayer ou à m'étourdir, et je t'en sais bon gré. « Tu « es sûre, me dis-tu, que tu aimerais à « la folie cet homme-là. Quel bonheur, « ajoutes-tu, de rencontrer, au fond « d'une campagne où l'on est exposé à « périr d'ennui un semblable original, « un Espagnol bien fier, bien guindé, « bien apprêté, que l'on peut tourmenter « et faire endêver du matin au soir. »

Je t'assure que je n'ai aucune envie de

me donner ce passe-temps, ni aucun de
tes motifs, *pour aimer cet Espagnol à la
folie*. J'avoue cependant qu'il me déplaît
moins que dans le principe, et qu'il s'est
même défait d'une partie de cette morgue
que mon père appelle dignité, et qui me
pétrifiait chaque fois que je me trouvais
avec lui. Non-seulement il peut s'entretenir aujourd'hui, comme un autre,
de choses très-ordinaires, mais il eut
hier la condescendance, si je puis m'exprimer ainsi, de danser avec moi, sous
l'ormeau, au milieu d'une foule de bons
villageois dont j'augmentais la joie en la
partageant. Ceci paraît, à la vérité, très-
étranger à son caractère, cependant je
t'assure qu'il fit les choses de fort bonne
grâce, sans paraître vouloir s'en faire un
mérite, et qu'il manifesta même, quoique
un peu gêné dans l'exécution, l'intention
bien marquée de se rendre agréable.

Nous lui devons certainement beaucoup pour l'amélioration qu'a éprouvée notre intérieur, qu'il est parvenu à rendre moins pénible. Il est tellement uni avec nous, qu'il nous fait le plus grand plaisir chaque fois, ce qui lui arrive souvent, qu'il nous rend visite. Nous nous trouvons tellement à l'aise avec lui, que nous ne faisons, quand il vient, aucun frais extraordinaire en conversation ou en cérémonie; et il peut, pendant une heure entière, rester assis, vis-à-vis mon métier à broder, sans proférer une parole, et uniquement occupé à façonner en cent figures, plus bizarres les unes que les autres, les bouts de soie, de fil d'or ou d'argent que je retranche de mon ouvrage.

Je crois qu'il se trouve mieux de notre société, et qu'il y a gagné sous quelques rapports; je crois même qu'il pense moins mal des hommes qu'autrefois, et qu'il s'en trouve beaucoup plus heureux. Il ne partage plus autant l'opinion de mon père sur cet article, et ne s'imagine plus que le genre humain soit aussi pervers qu'il se l'était d'abord persuadé. Mon père, qui a recouvré quelque tranquillité, le raille souvent sur ce qu'il appelle son apostasie, et m'a prise, ce matin, pour arbitre de la justesse de cette accusation. Je lui répondis que j'avais encore trop peu d'expérience et d'usage du monde pour oser m'établir juge d'une matière aussi délicate. « Je croyais, « moi, connaître le monde, mademoi- « selle, me répliqua Montalban, et ce- « pendant j'ignorais, avant de vous avoir « vue, qu'il contînt quelque chose d'aussi « précieux que mademoiselle d'Aubi- « gnie. » Il me parut un peu embarrassé en m'adressant ce compliment. Je ne sais si la gêne qu'il éprouva venait du peu d'habitude qu'il a d'en faire ; mais sans m'arrêter à cet examen, je m'inclinai modestement et sans éprouver la moindre confusion ; car ce n'est pas en recevant un éloge de son père, ou d'un homme tel que Montalban, qu'une femme puisse rougir.

Outre l'agrément que sa société répand parmi nous, elle m'est encore, sous d'autres rapports, singuliérement utile. Montalban a trouvé des loisirs pour se consacrer aux sciences utiles, et comme il me croit des dispositions à m'instruire, il s'empresse à les seconder.

Ma mère saisit avec empressement chaque occasion d'encourager le maître et l'écolière, et de vanter les avantages d'une semblable liaison entre des individus d'un sexe différent. Les hommes, dit-elle, parlent souvent de leurs amis, et en ont rarement un seul. La nature de leurs liaisons est, au contraire, destructive de l'amitié. Celle-ci se fane, en quelque sorte, près des goûts tumultueux qui alimentent ces liaisons, et sa délicatesse s'offense des associations bizarres, inconséquentes et légères dans lesquelles les usages de la société entraînent ses prétendus sectateurs. Les jeunes personnes de notre sexe, ajoutait-elle, forment entre elles des relations aussi insignifiantes, et souvent plus dangereuses; elles commencent avec l'enfance, et se terminent généralement avec l'adolescence. Bientôt l'amour-propre et la rivalité viennent les détruire; mais l'amitié qui s'établit entre deux personnes d'un sexe différent, quand l'amour n'y entre pour rien, devient le lien le plus intéressant, celui qui procure le plus d'instruction, et les jouissances les plus pures.

Ma mère, Julie, peut avoir raison; mais je sens que, malgré toute mon estime pour Montalban, je ne pourrai jamais le considérer comme un ami. Peut-être parviendra-t-il à vaincre mes préventions, peut-être parviendrai-je à le regarder comme un homme supportable; mais je t'assure qu'il verra borner là ses succès.

L'amitié de ma Julie me suffit; déjà elle a bravé l'époque fatale que ma mère a assignée à celle des femmes. Les années ne feront qu'y ajouter encore, et sa durée, j'en suis certaine, sera celle de notre existence. Adieu.

LETTRE VII.

Montalban à Segarva.

Vous vous plaignez, mon ami, de mon silence, et cependant je ne puis que répéter, et avec le même plaisir, les assurances de mon inviolable attachement! Mon existence est d'un genre qui ne produit rien, absolument rien qui mérite de fixer l'attention. Elle n'est cependant pas sans quelque intérêt pour moi, qui peux m'amuser d'un arbuste ou d'un insecte. La nature offre à chaque pas de vastes sujets de méditation; mais ce sont des jouissances qu'on ne peut facilement définir, et l'on se trouve intéressé sans trop pouvoir rendre compte de ce qui intéresse.

Si l'on n'entend par *société* que les

les liaisons qui s'établissent entre ceux que le rang et la fortune mettent en rapport, je vous avoue que j'en jouis bien peu dans cette campagne. Je dois cependant excepter l'intéressante famille dont je vous ai parlé il y a quelque temps. Je crains même de me trouver trop souvent avec elle. Je prends quelquefois la résolution de m'occuper sérieusement chez moi; mais à peine ai-je commencé à la suivre, que l'idée des d'Aubignie vient m'assaillir, que le souvenir de leur toit hospitalier vient me distraire; je trouve alors que mes affaires peuvent se remettre, et je prends machinalement le sentier tant battu qui conduit chez eux : c'est vous dire que j'habite encore le pavillon qui me rapproche de cette famille.

Je rougis, Segarva, d'être obligé de convenir combien je suis changé! Je m'aperçois enfin que je ne suis qu'un homme comme tant d'autres. Peut-être n'ai-je éprouvé aucun changement, peut-être ai-je toujours été ce que je suis ; ma situation est seulement différente ; peut-être enfin n'ai-je appris qu'à mieux me connaître. Je commence à concevoir des doutes sur cette haute dignité dont je me croyais pourvu, dont j'étais si vain, et à me persuader que l'homme, à en juger au moins par moi, n'est pas digne du rang éminent où je l'avais placé. Il en coûte certainement bien moins pour être heureux que pour être sage; et je me suis entièrement convaincu de cette vérité chez d'Aubignie. Pour y parvenir, il suffit de vaincre cette répugnance que, par orgueil, nous affectons, je ne sais pourquoi, d'avoir pour ce qu'il nous plaît traiter de bagatelles, et je suis maintenant aussi sérieusement occupé ici de ces bagatelles, que je l'ai souvent été ailleurs avec les affaires les plus intéressantes.

Et après tout, qu'est cette prétendue

philosophie dont nous sommes si fiers? Son importance dépend plus du langage qu'elle a adopté que des objets auxquele elle s'attache; et le but qu'elle poursuit est plus estimé à cause de la difficulté de l'obtenir, qu'à cause de son utilité réelle après l'avoir atteint. La vie commune présente un résultat bien différent, puisque la Providence bienfaisante a placé des jouissances simples, mais vraies, à la portée des hommes les plus ordinaires. Si nous prétendons nous élever au-dessus d'eux, ce ne peut-être qu'aux dépens de notre bonheur; mais comme il est juste d'obtenir quelque dédommagement pour un semblable sacrifice, nous le trouvons dans une ridicule vanité, et c'est elle qui me fait encore quelquefois rougir et qui cherche à me persuader que je m'abaisse, quand au coin du feu de d'Aubignie je me trouve heureux dans une douce simplicité qui me rapproche de la nature.

Ne croyez pas cependant qu'on ne s'occupe chez lui que de bagatelles. Oh! non, le cœur y jouit; toutes les facultés de l'âme y sont constamment éveillées; on y sent délicieusement son existence, et l'on ne voudrait pas exister ailleurs. On s'y livre à des objets essentiellement utiles, et l'on ne se sépare pas sans emporter avec soi matière aux plus intéressantes méditations. Isaure, la séduisante Isaure,...... mais on m'avertit que quelqu'un m'attend, et cela m'oblige à abréger une lettre que vous trouverez fort ennuyeuse, et dont la suite vous aurait immanquablement déplu. Je vous l'envoie cependant telle qu'elle est, et plus comme un titre à en recevoir une de vous, que par l'intérêt qu'elle pourra vous inspirer.

LETTRE VIII.

Isaure à Julie.

PLAINS-MOI, Julie, plains ton amie! Cette tranquillité dont je m'applaudissais dans mes dernières lettres, et qui me tenait lieu de bonheur, cette tranquillité m'est ravie! Il y a une fatalité attachée à tout ce qui porte le nom de d'Aubignie; déjà elle commence à s'exercer sur moi. Ici, dans la retraite que nous nous sommes choisie, elle s'acharne à me poursuivre; elle trouve de l'aliment à ses persécutions, elle fait naître enfin des sujets de peines, des objets même dont j'attendais quelques consolations.

Le comte de Montalban!..... Ah!

pourquoi m'a-t-il connue ! pourquoi l'ai-je cru à l'abri des passions humaines ! pourquoi me suis-je follement imaginé que son âme leur était à jamais fermée ! pourquoi ai-je eu la confiance de croire que la distance qui sépare nos âges et nos caractères dût à jamais séparer nos cœurs ! Le ciel sait combien je suis innocente du résultat, et que pas un mot, pas un regard de ma part, n'ont contribué à provoquer un semblable effet.

Il s'est enfin déclaré l'amant de ton Isaure ! Je rends hommage à ses vertus, j'estime ses qualités ; je partage la reconnaissance que nous lui devons pour l'intérêt et l'amitié qu'il nous a témoignés ; et c'est ce qui contribue à rendre ma situation plus pénible. Mais il est impossible, absolument impossible que je puisse jamais l'aimer. Eh ! comment pourrait-il espérer de parvenir à toucher mon cœur ! ses richesses sont immenses, et je suis dépourvue de tout ; mais la fortune assure-t-elle le bonheur ! Oh ! non, Julie ; tu connais ton amie, elle ne se vendra jamais.

J'ai adouci mon refus, parce que je suis incapable d'offenser personne, parce que l'homme estimable qui nous recherche nous honore, lors même que nous ne pouvons accepter sa main ; parce que alors un refus est déjà trop mortifiant, pour que nous ne cherchions pas à calmer, au moins par des égards et des attentions, la blessure qu'il fait à l'amour-propre. Montalban est, de tous les hommes le dernier, si j'en étais capable, que je voulusse offenser ou humilier. Il mérite tous les ménagemens qu'une femme peut accorder en pareil cas ; et cependant mon refus, quoique adouci par tout ce qui pouvait le rendre supportable, fut tellement positif, qu'il dut bannir tout espoir de me voir jamais changer de résolution.

La fierté de son caractère aurait dû, ce me semble, lui interdire toutes nouvelles sollicitations. Combien, dans cette circonstance, cette fierté semble l'avoir abandonné ! je trouve qu'il s'est conduit, à mon égard, d'une manière bien peu généreuse, en ne se bornant pas à une simple demande, mais en engageant ma mère à l'appuyer fortement ! Lorsque je m'en plaignis, il me conjura de pardonner, si, doutant qu'il fût digne de moi, et emporté par la violence de son amour, il avait cru nécessaire d'appeler tous les secours à son aide. Ah ! Julie, n'est-il pas cruel que, dans une conjoncture aussi délicate et aussi importante que celle où il s'agit de disposer de notre liberté, les hommes aient si peu de ménagemens, que de mettre un sexe, naturellement faible, en situation d'avoir à combattre encore d'autres faiblesses que les siennes.

Je connais trop l'indulgente bonté de

ma mère pour rien appréhender de son autorité; mais la seule idée de voir mon père irrité me fait un mal affreux. Quand ce matin je priai ma mère de ne pas l'instruire de cette recherche, elle me répondit qu'il était trop tard, et qu'elle l'en avait déjà informé. Elle m'observa que cette circonstance était d'une trop haute importance dans la famille pour qu'elle eût osé en faire un secret à son époux. Elle mit dans cette réponse quelque chose de sévère qui me fit de la peine, parce que je n'y suis pas accoutumée. J'imposai silence à ma douleur, et je me contentai d'observer que de toute cette famille j'étais, sans contredit, la plus intéressée dans cette affaire.

« Vous prononcerez, mon enfant, me
« répondit-elle alors avec sa bonté ordi-
« naire, vous prononcerez. Jamais je ne
« me permettrai de contrarier votre in-
« clination, ni de froisser votre cœur;

« mais mon devoir, comme mère, m'o-
« blige de diriger et d'éclairer votre choix,
« et une longue expérience, chèrement
« acquise, m'en donne encore le droit.
« Croyez-moi, Isaure, les jeunes person-
« nes de votre âge ne sont que trop dis-
« posées à se laisser aller, dans le choix
« d'un époux, à des illusions romanes-
« ques et trompeuses, qu'il n'est pas dans
« la nature de voir jamais réalisées. Je ne
« vous en veux pas, mon enfant, de ce
« que vous paraissez douter de cette vé-
« rité; mais le temps vous en convaincra,
« et je souhaite que vous ne soyez pas dés-
« abusée trop tard. »

Cela serait-il vrai, Julie ! serait il possible que j'arrivasse jamais à une époque
où je me trouverais totalement étrangère
aux impressions que j'éprouve ! Mais en
admettant ce douloureux changement,
ces impressions ne sont-elles pas maintenant dans ma conscience, et ne serais-je

pas coupable envers Montalban, envers moi-même, si j'agissais, en cette occurrence, d'une manière contraire à son impulsion ?

Je viens enfin de voir mon père. J'avais laissé ma lettre ouverte, afin de te faire part du résultat de notre entrevue. Il monta dans mon appartement, et me proposa, comme il lui arrive quelquefois, de faire avec lui un tour de promenade. Son regard, son accent n'avaient rien d'alarmant, cependant il me sembla que les idées qui l'occupaient ne s'accordaient ni avec l'un ni avec l'autre. Il me considéra d'un air décidé, et comme s'il s'attendait à devoir combattre quelques contradictions de ma part. Je lui cachai mon inquiétude, et je le suivis avec cette physionomie gaie et ouverte que je m'efforce d'avoir toujours en sa présence, et que sa situation malheureuse commande.

D'après la conversation que j'avais eue

avec ma mère, il ne doutait pas que je ne fusse prévenue de l'objet dont il se disposait à m'entretenir; et il paraît qu'il s'attendait à me trouver dans des dispositions différentes, puisque, désarmé par mon apparente docilité, je m'aperçus qu'il se dépouillait aussitôt de l'extérieur hostile, si je puis m'exprimer ainsi, qu'il avait pris en m'abordant, et il continua pendant cette promenade à me parler de la recherche de Montalban avec une bonté et des ménagemens plus qu'ordinaires. C'en était trop pour moi, qui sentais combien j'allais l'offenser par un refus. J'eus beau chercher à l'adoucir, il n'y fut pas moins sensible; et cependant il ne montra ni colère ni humeur.

Je ne te répéterai pas tous les argumens qu'il employa inutilement pour me vaincre. Il s'oubliait pour ne s'occuper que de moi et de mon bonheur. Quand il m'appela le soutien de sa vieillesse; quand, les yeux baignés de larmes, il remercia le ciel de lui avoir laissé dans ses malheurs son Isaure pour le consoler, et d'avoir permis qu'il vécût assez pour la voir établie et heureuse !...... Pourquoi ne pus-je même alors, et au milieu des pleurs que m'arrachait la reconnaissance, et lorsque mon cœur s'épanchait en protestations de tendresse; pourquoi, dis-je, ne pus-je l'assurer de mon entière obéissance !..... Ah ! Montalban, quelle peine vous me causez !

Écris-moi ; au nom de l'amitié, écris-moi. Aide-moi, conseille-moi, dirige-moi..... Ah ! mais, ne me dis pas que je doive être l'épouse de Montalban !.... Je ne me sens pas la force de suivre cet avis. Adieu, chère Julie, le malheur, dit-on, fortifie les attachemens du cœur, par la sensibilité qu'il y excite, et qui tourne au profit de ces sentimens.... Rappelle-toi, mon amie, qu'il ne fallait pas que ton Isaure fût malheureuse pour qu'elle t'aimât autant que tu mérites de l'être.... Adieu.

LETTRE IX.

Montalban à Segarva.

Lorsque j'écris à Segarva, je cherche à me persuader qu'il est présent, et que je lui dis tout ce que je trace sur le papier. C'est ce qui me fait éprouver cette fois, en prenant la plume, l'espèce de gêne et de malaise que ressent un homme qui a quelques torts et qui a besoin d'être pardonné. Le sentiment des aveux que j'ai à vous faire, mon ami, pèse sur ma conscience, et c'est pourquoi j'ai tant tardé à vous écrire. Si vous êtes disposé à me blâmer et à traiter sans ménagemens ce que j'éprouve,...... prenez garde, Segarva, je doute que mon amitié soit à l'épreuve d'un semblable traitement.

Eh ! pourquoi douterais-je de votre approbation ? pourquoi craindrais-je votre censure ? Je pense toujours de même sur le compte des femmes ; je n'ai pas dévié de ces principes que j'ai tant de fois applaudis en les partageant ; mais, quand nous nous occupions de ce sexe inconstant et frivole, il n'était pas alors question..... d'Isaure d'Aubignie. Si mon ami pouvait la voir et l'entendre, je n'aurais besoin d'aucun autre défenseur que d'elle-même ; il me suffirait de la produire pour justifier le changement que j'éprouve,.... l'amour enfin qu'elle a su m'inspirer.

Actuellement que ce mot terrible et qui me pesait tant est lâché, permettez, Segarva, que je vous entretienne de ma passion pour la plus aimable, la plus intéressante, la plus parfaite de toutes les femmes ; que je vous déclare que cette passion impérieuse m'a porté à demander sa main, et à lui en offrir une qui, vous vous en rappelez, ne devait jamais, en la donnant, disposer de ma liberté ni de mon cœur. Il y avait en apparence quelque chose de grand dans cette résolution ; mais croyez, mon ami, que ce n'était qu'une puérilité extravagante, qu'un orgueil déguisé. Celui qui ose essayer de paralyser ou de suspendre ainsi dans son cœur l'effet des sentimens impérieux que le ciel y a placés, jusqu'à ce qu'il ait froidement calculé toutes les chances du danger ou d'un prétendu ridicule, n'est qu'un insigne poltron. Cette résolution, qui n'est qu'une pure forfanterie, quoique renouvelée, n'est jamais maintenue; et la voix puissante de la nature vient tôt ou tard l'anéantir.

Ah ! Ségarva, acquérir une amie telle qu'Isaure d'Aubignie !..... Mais amie n'est pas le mot; il peint trop faiblement une semblable liaison....... N'avoir avec elle qu'un cœur et qu'une âme ; partager sa

destinée, son bonheur et ses peines ;.....
se voit, après l'Être-Suprême, l'être favorisé en qui elle épanche ses plus secrets sentimens, à qui elle exprime le plus simple de ses désirs, à qui elle communique la plus légère de ses peines ; combler ses désirs, calmer ses chagrins, posséder enfin une telle femme, qui soit un ange tutélaire, sans nous accabler de sa supériorité ;.... ce n'est pas seulement se procurer les plus indicibles jouissances, c'est se créer une âme pour les apprécier et les sentir.

N'appelez pas ce langage le délire de l'amour. Je suis convaincu que la raison est de mon côté ; et la preuve que je suis raisonnable, c'est que maintenant que je vous ai ouvert mon cœur, je suis, je crois, capable d'entendre vos observations, quelque piquantes qu'elles puissent être, avec patience, avec modération.

Vous me direz sans doute que le charme presque magique que les femmes exercent sur nous quand elles veulent nous captiver disparaît tout à coup quand elles deviennent nos épouses. Mais je connais parfaitement Isaure d'Aubignie. Elle a été élevée par les soins et sous les yeux des plus vertueux et des plus respectables parens; elle ignore les artifices de son sexe; elle est étrangère à cette dissimulation qu'une jeune personne n'apprend que trop tôt à connaître dans la société des femmes. J'ai eu de fréquentes occasions de la voir; je l'ai observée dans toutes les situations; son âme est tellement délicate et pure, que, loin de donner accès et de s'ouvrir à la dissimulation ou à l'artifice, elle se fermerait à leur approche, comme la sensitive à l'approche d'une main indiscrète et profane, et que toute tentative pour introduire l'art dans son cœur lui ferait éprouver une véritable torture.

Vous m'objecterez peut-être la disproportion d'âge, et le danger auquel je m'expose de la voir, peu après le mariage, livrée aux regrets d'avoir épousé un homme avec lequel ses goûts et son caractère ne peuvent sympathiser. Mais cette femme est un être extraordinaire, et bien supérieure à celles qui ne se laissent captiver que par les formes extérieures, et par le langage étudié d'une fade galanterie. Ah! si elle avait été assez légère, assez inconséquente, pour mériter d'être classée parmi celles que ces frivoles avantages peuvent séduire, croyez-moi, je l'aurais trouvée indigne de mon choix, jamais elle ne m'aurait captivé.

Je n'ai pas oublié, Segarva, nos fréquentes conversations sur le mariage, lorsque nous pensions de même sur cet article intéressant. Vous aviez alors remarqué en moi une certaine susceptibilité sur l'honneur, une inquiète jalousie, qu'un simple sourire, me disiez-vous, de

8.

ma femme à tout autre homme que moi, pourrait porter à l'exaspération..... Peut-être sur ce point étais-je alors un peu déraisonnable; peut-être ai-je été extrême dans l'idée que je me suis faite des outrages qu'une femme peut faire éprouver à son mari; mais cet excès de délicatesse tenait sans doute à la sévérité déplacée de mes principes, à l'opinion trop scrupuleuse que, comme militaire, j'ai contractée sur l'honneur, et ils doivent me servir d'excuse. Je n'ai jamais été, vous le savez, susceptible, exigeant, ni soupçonneux avec mes amis; eh! pourquoi le deviendrais-je à l'égard de cette femme inestimable, de la pureté et de la vertu de laquelle je me rendrais aveuglément le garant et le champion? Pourquoi deviendrais-je injuste à son égard? Ah! Segarva, jamais, jamais.

Je crois avoir prévu d'avance toutes vos objections, et les avoir détruites d'une manière victorieuse. Pardonnez, si j'ai pu supposer que vous me les présenteriez; pardonnez enfin, si je conviens qu'en faisant cette supposition je vous aimais moins que je ne vous ai toujours aimé.

Mais j'anticipe sur mon bonheur, tandis qu'il peut encore m'échapper, et que je puis n'en jamais jouir, puisque cette femme adorable, la gloire de son sexe, l'idole du nôtre, ce modèle de douceur angélique, qui n'a jamais parlé, qui n'a jamais agi que pour faire des heureux, se refuse encore à ma félicité. Pour la première fois, elle cause de la peine; elle est cruelle enfin pour Montalban! J'espère cependant que son refus n'a pour cause que la modestie, que la timidité inséparables de son âge. Elle m'offrit son estime, son amitié. Qu'est-ce que cela près de la faveur que je sollicite, près de l'amour que je ressens pour elle! Elle doit ajouter à cette offre des sentimens plus tendres, et qui répondent enfin à l'ardeur qu'elle m'a inpirée.

Mon cœur se dilate,.... un secret pressentiment m'annonce mon bonheur, et j'éprouve la plus vive impatience. Je jouis de ce pressentiment en attendant la réalité. Puissé-je apprendre bientôt que Segarva partage la félicité de son ami, et qu'en y applaudissant il la rend complète.

LETTRE X.

Isaure à Julie.

Qu'as-tu dit! quel nom as-tu prononcé! quels souvenirs as-tu réveillés! pourquoi as-tu nommé Alphonse ?.....
Cruelle Julie! quel mal tu me fais !.... et dans quel moment!

Relis tes expressions : voici ton langage.

« Quand tu rappelles, dis-tu, le temps
« heureux que j'ai passé près de toi à
« Belleville, nos promenades délicieuses,
« et nos goûters charmans à la chaumière
« de la bonne Lasune ; comment ne pas
« regretter, Isaure, de te voir oublier
« cet intéressant jeune homme qui faisait
« le charme de ces réunions, et qui les
« rendait aussi instructives qu'amusan-

« tes ! Ce ne peut-être qu'une réticence
« et non un oubli ; et c'est parce que
« je te connais que ton silence à son
« égard me prouve au contraire com-
« bien ton cœur appréhende de s'occuper
« de lui. Que je te plains alors, surtout
« dans les circonstances où tu te trouves !
« Mais je dois respecter les motifs qui
« t'ont déterminée à essayer de le bannir
« de ta mémoire..... son nom m'est
« échappé..... je crains d'avoir commis
« une indiscrétion..... En ce cas, Isaure,
« je te prie de me la pardonner ; ce sera
« la dernière. »

Ah ! Julie, que n'effaçais-tu ce nom !....
Cruelle amie ! pourquoi me l'as-tu rappelé ! Il n'est que trop vrai qu'en évitant de parler d'Alphonse je m'imagi-
nais n'y plus penser, j'espérais être parvenue à l'oublier..... Tu me forces à t'en
entretenir, et à convenir de ce que je t'ai
caché jusqu'ici ;...... c'est que mon cœur

n'est plus à moi. Quoique tu aies paru quelquefois te douter de sa situation, tu ne connais pas encore tous les secrets de ton Isaure : garde-toi cependant d'imputer cette réserve à un défaut de confiance. Les peines de ce cœur sont d'une nature tellement délicate, que quelquefois je crains d'y réfléchir, et que souvent, prête à te les révéler, ma langue s'est paralysée, et je m'en suis sentie absolument incapable.

Ta cruelle indiscrétion a vaincu cette réserve..... Tu vas tout savoir. Cependant je conviens que tes dernières observations sur le mérite du comte de Montalban, et dont tu écartes avec raison le ton de plaisanterie que jadis tu avais cru devoir employer pour me distraire, sont parfaitement justes; et j'ajouterai que tes éloges sont peut-être au-dessous de ce qu'il mérite, puisque ses vertus sont si austères, qu'elles dédaignent de chercher à captiver l'opinion, qui s'en venge ordinairement en retenant une partie des louanges qui sont dues. J'ajouterai même que je révère ses vertus, que j'estime ses qualités, mais que je ne puis l'aimer, et qu'il ne sera jamais mon époux. Cette déclaration, qui pourrait suffire à tout autre, ne suffit cependant pas à ma Julie, qui vient de me contraindre en quelque sorte à lui ouvrir mon cœur, et j'hésite d'autant moins à la faire que son amitié saura me plaindre, en m'aidant à supporter ma faiblesse et en m'encourageant à la vaincre.

Non, mon amie, mon cœur, il faut l'avouer, n'est plus à moi; il ne m'est plus permis d'en disposer........ Il m'en coûte d'en convenir; mais le pas est franchi : aimer Alphonse ne peut être un crime ; et cependant je tressaille, et ma main tremble en traçant son nom et en faisant cet aveu.

Tu l'as connu à Belleville, le dernier été que nous y passâmes ensemble; mais tu ne sais pas encore tout ce qu'il vaut, et il n'appartient qu'à moi, qui connais jusqu'aux derniers replis de son cœur, de l'apprécier, et d'entreprendre de te le faire connaître. Timide, modeste, craignant de fixer l'attention, j'ignorerais encore une partie des précieuses qualités d'Alphonse, si son amour ne l'eût en quelque sorte contraint à me les découvrir. J'estimais, je chérissais ces qualités non-seulement parce qu'elles étaient rares, mais encore parce que je me plaisais à les considérer comme le fruit de mes observations, et je me sentais fière d'avoir fait une aussi intéressante découverte. J'arrivai insensiblement, et sans m'en apercevoir, à une époque où l'espèce d'hommage que je leur rendais cessa d'être un devoir pour prendre le caractère d'une passion.

Mais où m'égaré-je!.... N'anticipons

pas....... je ne voulais que raconter, et je me trouve entraînée par mon cœur à peindre les sentimens qu'il éprouve, au lieu de t'instruire comment il les a éprouvés.

Je suis obligée de te retracer avant tout quelques circonstances que tu connais, parce qu'elles en éclaircissent quelques-unes que tu ignores, et qu'elles se lient de manière à ne pouvoir être séparées.

Le marquis de Moronval, père d'Alphonse, avait été dès l'enfance l'intime ami de mon père. Élevés pour ainsi dire ensemble, les jeux de l'enfance, les études de l'adolescence, les fatigues, les dangers et la gloire de leurs premières armes, tout leur avait été commun; tout enfin avait puissamment contribué à étendre et à fortifier cette inviolable amitié. Ils se marièrent à la même époque; le même jour vit naître Alphonse et moi, et la réunion de toutes ces circonstances parut en effet nous réserver à une commune destinée.

Nos parens se plaisaient à l'espérer, ils se flatterent dès-lors qu'une union formée entre deux enfans uniques et chéris pourrait un jour mettre le comble à celle qui s'était établie entre eux, et en la resserrant, s'il se pouvait davantage, en devenir la plus douce récompense. Notre intelligence, en commençant à se développer, nous rendit sensible le vœu de nos parens; et l'attachement, qui déjà se manifestait entre nous, les autorisait à se flatter qu'un jour le ciel pourrait le réaliser.

Les guerres de religion vinrent à éclater. Le marquis était protestant; il avait la plus grande partie de ses biens située dans les environs de la Rochelle. Il prit à ces guerres la part la plus active. Il y perdit la vie; ses biens furent confisqués; la marquise mourut de chagrin; et Alphonso, enfant chéri, et destiné à une brillante fortune, se trouva de bonne heure orphelin, sans ressource, portant un nom proscrit et dans la disgrâce de son souverain.

Il avait habité avec nous durant cette lutte terrible, qui finit par lui enlever ses parens et sa fortune; et jusqu'à cette époque non-seulement notre amitié n'avait fait que s'accroître, mais elle avait encore pris insensiblement, et sans que nous nous en aperçussions, un caractère beaucoup plus intéressant. Eh! comment nous serions-nous défendus d'un sentiment qui devait conduire à un résultat sur lequel nos parens avaient établi les plus flatteuses espérances? Nous nous y livrâmes sans défiance, et bientôt l'amour remplaça l'amitié.

Croiras-tu ton Isaure, quand elle t'assurera que pendant ce temps heureux nous nous aimâmes sans nous le dire; que bien différens de ceux qui parlent souvent d'amour sans le ressentir, il nous avait entièrement subjugués, lorsque, loin de nous en entretenir, nous avions à peine réfléchi sur la nature des sentimens qui nous agitaient; car si la timidité d'Alphonse et la crainte de me déplaire l'empêchaient de me parler de son amour, j'aurais rougi, de mon côté, de me permettre le moindre regard, le moindre mot, qui pussent l'y encourager.

Tranquilles sur les intentions de nos parens, jouissant d'avance de l'avenir heureux qu'ils nous préparaient, loin de nous occuper de la nature de notre liaison, nous ne nous occupions que du plaisir d'être ensemble, et de le diriger vers un but utile. Alphonse, très-instruit, se plaisait à me communiquer une partie de ses talens et de ses connaissances; et il encourageait mes efforts, en m'assurant que c'était lui qui s'instruisait avec son élève.

Elle arriva trop tôt l'époque où, sans nous faire part de nos idées, nous commençâmes à nous apercevoir qu'il y avait dans notre amitié une vivacité que cette seule affection ne fait pas ordinairement naître. L'idée d'un danger inconnu vint me saisir ; je m'alarmai sans savoir pourquoi ; et bientôt nous mîmes moins de confiance et d'abandon dans nos épanchemens. Mais ces craintes secrètes dont la nature protectrice arma la faiblesse de notre sexe, ces craintes, qui devraient le garantir de tout danger, deviennent souvent la cause qui le trahit. Elles se montrent accompagnées d'un délire d'imagination tellement séduisant, que le secours de la raison suffit à peine pour le réprimer. Il m'est arrivé, par exemple, Julie, en errant quelquefois dans la forêt de Belleville, de me détourner involontairement pour diriger mes pas vers les endroits que fréquentait Alphonse, dans l'espoir secret de l'y rencontrer..... Ah ! mon amie, l'Alphonse de mon imagination était, je t'assure, bien plus dangereux pour moi que celui que je retrouvais dans les lieux les plus solitaires.

Après la mort du marquis de Moronval, mon père réunit sur Alphonse toute l'affection qu'il avait portée à ses parens. Il sentit combien cet enfant malheureux et dépourvu de tout avait besoin de protection. Il l'accueillit avec tendresse, le fixa près de lui à Belleville, et ne négligea rien pour perfectionner l'éducation brillante qu'il avait déjà reçue. Je ne puis t'assurer positivement quels étaient alors ses projets sur ce jeune orphelin, mais je crois que les malheurs qui l'avaient accablé n'avaient pas fait renoncer mon père à l'alliance qui avait été précédemment arrêtée entre les deux familles. Le marquis avait, en s'exposant à la perdre, sauvé la vie à mon père dans une bataille, et je suis persuadée qu'en me donnant, avec une brillante fortune, à son fils dénué de tout, il n'aurait cru remplir que le plus sacré des devoirs, en satisfaisant au besoin le plus impérieux de son cœur.

S'il eut en effet ce projet, le danger où il vit bientôt sa propre fortune le lui fit sans doute abandonner. Autant il aurait été disposé à rétablir celle d'Alphonse en lui donnant sa fille, autant, dans son infortune, il aurait craint, en favorisant un semblable mariage, qu'on ne l'accusât d'avoir sacrifié ce jeune homme, à qui il restait quelques espérances, d'avoir abusé de sa situation pour se débarrasser d'un enfant dont l'établissement était devenu plus qu'incertain. Ce qui acheva de me convaincre quelles avaient été jusque-là ses généreuses intentions, c'est que ce ne fut que lorsqu'il parut certain de notre ruine, qu'il me fit entendre qu'il convenait d'apporter à l'avenir la plus grande réserve dans mes liaisons avec Alphonse. Il n'était plus temps. Entraînés par l'espoir que nos parens eux-mêmes avaient entretenu, notre innocent amour avait fait des progrès trop rapides; nous pouvions sans doute continuer à lui imposer silence; mais il ne nous était pas possible de l'éteindre, et le mal, s'il y en avait, était devenu sans remède.

La perte de ce malheureux procès, en nous enlevant tout ce que nous possédions, nous contraignit de nous réfugier ici avec Alphonse. Mon père prit quelque temps après un parti décisif en annonçant que, puisque la médiocrité où il se trouvait réduit lui rendait impossible de réparer, comme il l'avait projeté, les malheurs dont la fortune avait accablé le fils de son ancien ami, il lui conseillait de se rendre près d'un oncle fort riche qui habitait la Martinique, et qui, veuf et sans enfans, l'avait souvent demandé avec instance, et avait même trouvé mauvais qu'il eût autant tardé à l'aller joindre.

Mon père ajouta qu'il ne l'avait pas

pressé de partir et de se rendre aux désirs de cet oncle, tant qu'il avait conservé l'espoir de lui tenir lieu de père, mais que, maintenant que cela lui était devenu impossible, il l'engageait à satisfaire un parent déjà âgé et infirme, qui ne manquerait pas de récompenser son dévouement en lui léguant ses biens.

Une larme, que mon père essaya vainement de cacher, s'échappa lorsqu'il prononça cette cruelle séparation; et nous ne pûmes nous empêcher d'y mêler les nôtres. Alphonse s'apprêta à partir avec le désespoir dans le cœur; le mien était navré de douleur.... Ah ! Julie, il n'est plus de bonheur pour moi.

La fortune nous frappa deux fois. J'étais destinée à réparer ses torts envers lui; mais en m'accablant à mon tour, elle me priva de la plus douce jouissance. Ah ! si le sort impitoyable qui m'a tout enlevé n'eût pas en même temps accablé mon

Alphonse, et qu'il eût conservé sa fortune, je suis convaincue de l'usage généreux qu'il en aurait voulu faire. Mais aussi, si Isaure d'Aubignie était encore entourée de cette splendeur et de cette opulence qui lui donnaient jadis tant d'éclat, et qu'elle fût maîtresse de sa main, Alphonse, de son côté, n'aurait bientôt plus rien à désirer. Hélas ! dans l'état où nous sommes réduits l'un et l'autre, je dois imiter sa délicatesse ; je dois être aussi généreuse que lui ;.... je dois renoncer à lui appartenir...... cependant jamais, non jamais, je ne pourrai cesser de l'aimer.

En te donnant ces détails, mon cœur s'égare au milieu des agitations que j'éprouve ; mais aussi, c'est que mon histoire est celle du cœur. J'avais entrepris de te raconter quand et comment j'avais aimé Alphonse. Ah ! Julie, les circonstances qui signalèrent les progrès de cet amour sont tellement imperceptibles ; ses gradations sont tellement délicates, que je ne puis les peindre, que je ne puis que les sentir, et qu'elles échappent à mon pinceau.

Je ne peux me dispenser, mon amie, de te raconter l'événement qui, pour la première fois me découvrit son amour.

Un cousin éloigné, et fort aimable, était venu nous voir en allant à Paris, et passa quelques jours avec nous. Comme il était fort gai, il m'était difficile de ne pas paraître m'en amuser, et Alphonse s'imagina que ce parent avait intéressé mon cœur. Il commença par m'en faire la guerre; mais il devint bientôt chagrin et rêveur. Il me boudait, s'éloignait, et m'abandonnait presque entièrement au cousin qui, sans autre intention que celle d'être honnête, se prévalait de cet abandon pour redoubler de soins et d'attentions près de moi.

La fête de Belleville arriva à cette époque. Il m'offrit, si je n'avais pas pris d'autres arrangemens, la main pour m'y conduire, afin, me disait-il, de mieux jouir des hommages que les habitans me préparaient, et d'être plus à même d'y joindre les siens. Alphonse, qui était présent, garda le silence; s'il m'eût seulement regardée, la crainte de lui faire de la peine m'aurait fait répondre que j'étais engagée. Mais loin de là, il sortit brusquement de l'appartement, et je fus obligée d'accepter l'offre qui m'était faite.

Le lendemain, nous nous rendîmes tous au village; mais Alphonse avait pris les devants. En arrivant, je l'aperçus dans la foule, je l'appelai, il ne vint pas, et disparut, comme s'il ne m'eût pas entendue. Les bons villageois m'avaient préparé une fête, pendant laquelle il me couronnèrent de roses en me nommant leur reine, et, sans y entendre malice, ils m'associèrent le cousin sur mon trône de fleurs, en le proclamant mon roi. Je fus contrainte de me prêter de bonne grâce à cette plaisanterie, et de danser avec lui pendant une bonne partie de la soirée.

Je ne revis Alphonse que le soir à souper; je lui adressai la parole, mais il ne me répondit que par monosyllabes; et il était tellement triste et abattu qu'il me fit une véritable peine. Ce qui augmenta beaucoup son désordre, c'est que le cousin, qui s'était beaucoup amusé de son rôle, se fit un plaisir de le continuer à table, et de ne plus m'appeler que sa reine. « Ah ! cousine, me dit-il enfin « dans un accès de gaieté, que ne suis-« je roi en effet; je vous jure que je n'au-« rais jamais d'autre reine. » Alphonse n'y put tenir, il se leva et sortit.

Le lendemain, en allant, suivant mon usage, visiter mon parterre, j'y trouvai un papier qu'il m'était impossible de ne pas voir. Je l'ouvris, et je lus les couplets suivans :

* J'étais aimé de mon amie.
Un même amour nous unissait ;
Si je m'éloignais, attendrie,
Sa douce voix me rappelait :
Plus de bonheur, son inconstance
Me rend ce souvenir affreux ;
Comment invoquer l'espérance,
Quand je ne puis plus être heureux.

Tout me dévoilait sa tendresse,
Ses yeux, son trouble, son souris ;
Non, rien n'égalait mon ivresse,
Et mon bonheur était sans prix :
Plus de bonheur, son inconstance
Me rend ce souvenir affreux ;
Comment invoquer l'espérance,
Quand je ne puis plus être heureux.

Reçois, Isaure, un dernier gage
De mon amour, de mes regrets ;

---

* L'air et l'accompagnement de piano de ces couplets se trouvent à la fin de l'ouvrage.

Je vais te fuir, femme volage,
Je te dis adieu pour jamais :
Mais si pourtant, en mon absence,
Tu plains un amant malheureux,
Mon cœur concevra l'espérance
De pouvoir encore être heureux.

Après les avoir copiés, je laissai ces couplets où je les avais trouvés; je les y vis pendant deux jours; le cousin partit heureusement le troisième, et le calme rentra dans le cœur d'Alphonse. Il parut honteux de sa bouderie, il reprit sa gaieté, les couplets disparurent, il resta sans doute persuadé que je ne les avais pas vus, et je restai, moi, bien convaincue de son amour.

Mais ce fut l'instant de notre séparation qui nous fit connaître combien nous nous aimions, et ce ne fut qu'à cette époque que j'acquis la certitude combien j'étais en effet tendrement aimée. Quels souvenirs me retrace la veille de son départ !

Nous nous promenions avec mon père dans les jardins, en proie à la plus vive douleur, et nous ne pouvions la dissimuler. En jetant les yeux autour de nous, Alphonse et moi, nous semblions nous dire : « Nous ne nous promenerons plus « dans ces bosquets, nous ne pêcherons « plus dans ces étangs, nous ne cultive- « rons plus les fleurs de ce parterre »; et nos yeux se remplissaient de larmes. Ah ! pensé-je avec amertume, je verrai encore demain ces charmilles, ces bosquets et ces fleurs, mais je ne verrai plus Alphonse.

Il venait de recevoir des graines de fleurs qu'il avait demandées lorsqu'il ignorait encore qu'il dût s'éloigner de nous. Il les examinait avec mon père, lorsque nous entrâmes dans un petit enclos que j'appelais, comme à Belleville, mon parterre. « Ah ! que je laisse au moins, me « dit-il à voix basse, et en souriant,

« tandis que des larmes s'échappaient de
« ses yeux; que je laisse au moins ici
« une marque de mon souvenir ! » Il
sema ces graines sur ma plate-bande.
Hélas ! elles levèrent peu après son départ; et je ne puis, Julie, te rendre l'effet
douloureux que leur vue produisit sur
moi. Je les visitais à la dérobée; avec une
vigilante assiduité j'aurais craint, devant
témoins, de trahir mon émotion; j'aurais craint que des regards indiscrets ne
profanassent nos entrevues; je soignais
ces fleurs avec la sollicitude et les soins
d'une tendre mère pour des enfans chéris;
j'observais leur croissance et leur développement avec une tendre inquiétude;
j'en écartais jusqu'au brin d'herbe qui
pouvait leur enlever quelque substance;
et lorsque leurs têtes altérées se penchaient sous l'ardeur d'un soleil brûlant,
non contente de les rafraîchir, je les ranimais en les arrosant encore de mes lar-

mes. Ah ! Julie, elles sont là ces fleurs
précieuses, gage de l'amour le plus pur
et le plus vertueux !.... Elles sont là, mais
Alphonse n'y est plus.... Elles sont là,
personne autre que son Isaure n'y portera
la main..... Elles sont là, mais viendra-
t-il jamais les cueillir !

Je t'ai raconté mes chagrins ; mais qui
me dira ceux qu'éprouve maintenant Alphonse !.... Ah ! le sourire poignant avec
lequel il répandit ces graines sur mon parterre ne voulait-il pas dire : « Soignez ces
« fleurs, Isaure, je viendrai un jour les as-
« sembler, et vous en tresser une cou-
« ronne. » Jamais, Julie, jamais tu ne me
verras à l'autel avec cette couronne-là.....
Hélas ! je m'égare ; j'ai pris trop long-
temps mes vœux pour la réalité ; et je me
suis malheureusement convaincue que nos
désirs nous trompent et sont souvent per-
fides..... Non, non, jamais Alphonse ne

m'appartiendra, et j'aurai seulement rêvé le bonheur !

Mais si le délicat Alphonse, incapable d'abuser de l'attachement qu'il m'avait inspiré, fut constamment retenu par la barrière insurmontable que l'infortune avait élevée entre nous, il ne put cependant se résoudre à partir sans m'avoir fait l'aveu de ses sentimens, sans m'avoir ouvert son cœur. Triste consolation !

La veille de son départ, et me quittant le soir, pour ne plus me revoir, il s'approcha de moi avec une douleur inexprimable pour me faire ses adieux. En me donnant, devant mon père, le dernier baiser, ce baiser qui est encore sur mes lèvres, et qui desséchage mon cœur, il me glissa un papier que, dans le chagrin que j'éprouvais, je pris machinalement. Entrée chez moi, je lus ce qui suit :

« Je pars, Isaure, je m'éloigne de vous.

« Un océan immense va nous séparer, il
« ne désunira jamais nos cœurs. C'est au
« moment de la plus douloureuse sépara-
« tion que j'ose, pour la première fois,
« vous parler de mon amour, de cet
« amour dont cependant vous avez eu tant
« de preuves. Je pars désespéré ; je perds
« l'unique consolation que j'avais trou-
« vée dans l'infortune.... Je perds tout,
« et je vous laisse mon cœur. Si la fortune
« cruelle qui nous sépare daigne enfin ré-
« compenser mes efforts ; et si, comme j'ai
« quelquefois osé m'en flatter, l'amour le
« plus pur et le plus ardent a pu vous tou-
« cher et mériter quelque retour, et que
« je sois assez heureux pour vous retrou-
« ver libre, je viendrai, Isaure, je vien-
« drai solliciter cette main qui me rendra
« le plus fortuné des hommes, et sans la-
« quelle il ne peut y avoir de bonheur
« pour moi sur la terre..... Ah ! Isaure,

« conservez-vous pour Alphonse, si vous
« voulez qu'il vive..... Adieu !.... adieu !

Je baignai, Julie, ce billet de mes larmes,
et je le plaçai sur mon cœur. « Ah ! je me
« conserverai pour toi, m'écriai-je. Quel
« homme pourrais-je aimer après t'avoir
« connu ! »

Alphonse était encore sous le même
toit, et je ne devais plus le voir ! Il respirait le même air, et je ne devais plus l'entendre ! Je passai la nuit à pleurer ; et le
jour en paraissant me retrouva avec
mes larmes. J'entendis du bruit dans la
maison; bientôt je distinguai dans la cour
le pas des chevaux; je courus à ma croisée,
et je vis le malheureux Alphonse qui s'éloignait en jetant un dernier regard de
mon côté. Il m'aperçut; il portait à ses
yeux un mouchoir qu'il laissa échapper,
il me tendit la main, et disparut comme
l'éclair. Je descendis furtivement : je

tremblais qu'un autre ne se fût saisi de ce gage précieux. Je le trouvai, je le pressai sur mon cœur; je remontai avec ce trésor, j'y vis des preuves humides de l'amour et de la douleur d'Alphonse; j'y mêlai celles de ma tendresse..... Je l'ai, Julie, je le conserve avec son...... Ce mouchoir, ce billet et ces fleurs.... voilà donc tout ce qui me reste !

Mais je me laisse aller au sentiment qui m'entraîne, et je cherche en vain à calmer mon cœur. Soit que ma mère connaisse ce que j'ai souffert et ce que je souffre encore, soit qu'elle ait cru prudent d'éviter ce qui pouvait alimenter un penchant malheureux et entretenir de trompeuses espérances, elle a évité avec soin, depuis le départ d'Alphonse, tout ce qui pouvait me retracer son souvenir : jamais on ne me parle de lui, et je n'ose en demander des nouvelles. Serait-il donc possible que, depuis plus d'un an qu'il est parti, il ait négligé de s'informer de celle qu'il a si tendrement aimée ! Est-il possible enfin qu'il m'ait entièrement oubliée ! Cependant, Julie, si j'acquérais jamais la fatale certitude que je lui suis devenue indifférente, mon amour-propre blessé n'achèverait-il pas ma guérison en me rendant à la liberté ?.......... Ah ! mon amie, quelle affreuse supposition !..... Je n'ose répondre.... J'avoue, Julie, que même alors je ne puis en donner l'assurance.

Lorsque je songe à l'effrayante distance qui nous sépare, ma tête se perd, mon cœur se resserre, et je suis à concevoir comment un pauvre petit être, tel que moi, peut avoir ses plus chers intérêts à l'autre extrémité du monde, et qu'il existe là un individu qui fasse battre son cœur d'un espoir sans doute imaginaire !

Dans une telle situation, ne sois donc pas surprise, Julie, de la froideur que je témoigne au comte de Montalban, ni de la répugnance que j'éprouve à accepter sa main. Il me semble même que je l'estime moins par le motif, sans doute ridicule, qu'il m'aime quand je voudrais n'être pas aimée; et parce qu'il veut de l'amour, je me sens disposée à lui refuser de la reconnaissance.

Plût au ciel qu'il ne m'eût jamais vue! Quoique je ne comptasse plus sur le bonheur, j'espérais jouir au moins de quelque tranquillité; et c'est lui, cruel homme! qui me la ravit. Il y a dans la jouissance d'une paisible douleur quelque chose qui la rend supportable; mais je me sens hors d'état de lutter contre de nouvelles adversités. Adieu, Julie; conserve-moi ton amitié : elle me devient indispensable.

LETTRE XI.

Isaure à Julie.

Tes lettres, Julie, me procurent autant de consolation qu'elles me font de plaisir; et jamais il n'en vint une plus à propos que la dernière. Lorsque l'âme est torturée par des sentimens contraires, c'est alors que nous avons besoin d'un ami qui nous guide et nous éclaire, et cet ami je le possède en toi. Tes conseils sont le langage de la sagesse, dépouillée de toute sa sévérité. Tu sais ce que l'indulgence peut accorder à la faiblesse, tout en donnant les avis que la prudence exige.

J'ai toujours pensé qu'il ne suffit pas, après le mariage, de ne pas nous écarter des devoirs d'une épouse; qu'aimer quoique secrètement un homme plus que son mari est un adultère du cœur ; et que n'aimer pas un mari exclusivement, sans partage, est une coupable infraction aux vœux prononcés.

Mais je n'ose avouer à mon père l'attachement qui m'entraîne à rappeler ici ces principes. Il a une inflexibilité de caractère qui, lorsque j'incline à lui ouvrir mon cœur, me frappe aussitôt d'épouvante. Loin de pouvoir m'y résoudre, je tremble à l'idée de lui découvrir un amour dont, pendant si long-temps, il a lui-même désiré l'existence, que je ne puis vaincre, qui contrarie ses projets sur moi, et je n'ose, même à ma mère, quand je la considère comme son épouse, faire confidence de cette faiblesse.

Combien le sort de ton Isaure est à plaindre ! Malheureuse par un attachement qui fut autorisé, et qu'elle ne peut croire criminel, il lui est impossible de révéler, à tout autre qu'à toi, la cause de ses peines ! Faut-il qu'après avoir partagé les malheurs de ma famille je me trouve encore dépouillée du seul bien qui me reste, et privée de la faculté de disposer de ma main et de mon cœur !

———

Ursule vient m'avertir qu'on m'attend pour dîner. Elle ajoute que je trouverai en bas un étranger, qu'elle croit se rappeler d'avoir vu précédemment à Belleville. Comment descendre lorsque je voudrais rester chez moi ! comment paraître gaie et satisfaite lorsque je suis triste et malheureuse ! comment prendre part à une conversation oiseuse lorsque mon cœur est déchiré par des peines secrètes, et lorsque je voudrais qu'on me laissât à mes chagrins et à mes inquiétudes ! Souffrir est pénible ; mais dissimuler ses souffrances est une torture.

Il m'est enfin permis de remonter dans mon appartement. On veut bien me laisser à moi-même, à ma Julie, à la faculté de sentir, de penser, de souffrir ! Il est minuit. Tout repose dans la nature, tandis que j'ai la mort dans le cœur ! Je croyais avoir comblé la mesure de l'infortune ! Hélas ! combien les nouveaux chagrins que je viens d'éprouver me désabusent !

Alphonse ! cruel Alphonse !.... mais pourquoi m'en plaindre ! Pourquoi l'accuser d'avoir abandonné celle que je suis maintenant convaincue qu'il n'a jamais aimée ! Ah ! je dois l'oublier........ Frémis, Julie !...... Il est l'époux d'une autre femme !....... Il ne viendra pas cueillir ces fleurs que j'ai cultivées pour lui....... Infortunée Isaure !

L'étranger qui est venu dîner avec nous arrive de la Martinique. C'est un capitaine de navire employé au service de l'oncle d'Alphonse; et il est effectivement venu de sa part à Belleville, dans des temps plus heureux, y apporter à ce perfide des lettres et des présens de la part de cet oncle cruel, qui désirait vivement qu'il vînt le trouver et partager sa fortune.

Avec quelle agitation ne l'entendis-je pas questionner sur le compte d'Alphonse! L'on savait de reste, avant que je descendisse, qu'il n'avait que des nouvelles désespérantes à m'apprendre; et l'on ne me permit d'entendre parler pour la première fois de cet infidèle, que pour m'instruire qu'il était perdu pour moi.

Ce capitaine répéta devant moi qu'il était parti de la Martinique à l'instant où cet oncle venait d'expirer, et qu'Alphonse était devenu par cet événement un des plus riches particuliers de la colonie; que le trouble et l'embarras inséparables d'un tel événement l'avaient sans doute empêché de nous l'annoncer lui-même ; que le départ de son navire, qui n'attendait que le vent, ayant été précédemment arrêté, il avait dû de suite mettre à la voile ; qu'il n'avait pas vu Alphonse depuis la mort de cet oncle, et qu'il avait reçu cette nouvelle, sans autres détails, en sortant du port.

Mais que devins-je, Julie, lorsque je l'entendis ajouter que le mariage de cet inconstant avait été arrêté depuis long-temps avec la fille d'un riche colon, qu'il n'avait été différé que jusqu'à l'époque, peu éloignée, où le deuil permettrait de le conclure, et qu'il était persuadé qu'au moment où il parlait cette alliance était terminée.

Au moment où il parlait !.... Ah! Julie, en entendant cette déclaration je pensai me trouver mal, et je dus faire des efforts incroyables pour cacher mon désespoir.

« Au moins, dit mon père en me re-
« gardant, le malheur qui nous poursuit
« a cessé de s'attacher aux Moronval;
« et c'est une consolation pour nous d'ap-
« prendre qu'Alphonse est heureux et
« avantageusement établi. Qu'en pensez-
« vous, Isaure? »

Cette question me tuait. Incapable d'y
répondre, j'étais perdue si j'essayais d'ouvrir la bouche. Je me sentais suffoquer.
Dans cette extrémité un moyen violent
pouvait seul me sauver de la détresse où
j'étais, et je me décidai à l'employer.
J'étais occupée à partager avec un couteau un fruit que je tenais à la main.
Je ne balançai pas : j'enfonce le couteau,
je me blesse, le sang coule, l'attention se
détourne, on se livre à l'inquiétude que
j'inspire; tandis qu'insensible à la blesure
que je m'étais faite, je me livre sans
crainte aux sentimens qui me torturent....

Enfin je me trouve mal..... je perds connaissance.

Ah ! Julie. Alphonse m'abandonne lorsque je me repaissais encore d'un espoir chimérique, lorsque dans mon infortune je me consolais par la persuasion qu'il m'aimait toujours ! mais où m'entraîne donc le désespoir ! Alphonse n'a pas rompu sa foi, il ne me l'a jamais donnée ;..... Alphonse ne saurait être infidèle, je n'avais aucun droit à sa fidélité. Un seul billet avoua son amour; il se fit sans doute illusion ; il fut trompé par l'amitié. Je ne lui avais rien promis, je n'étais engagée en rien ; comment aurait-il pu l'être à mon égard !...... Je sens mon injustice... je dois l'expier et m'en punir... je dois bannir Alphonse, non-seulement de mon cœur, mais encore de ma pensée.

Suis-je donc en effet réduite à l'oublier ! puis-je effacer de ma mémoire les plaisirs innocens de notre enfance, les amusemens de notre adolescence, les auteurs que nous avons lus, la musique que nous avons exécutée !....... Chaque instant, chaque pas ne retracent-ils pas ces souvenirs ?..... Un livre, un cahier, un dessin, un arbuste, une fleur; ...... tout me rappelle Alphonse ;..... partout il est devant moi, et pour cesser de penser à lui il faudrait que ton amie cessât de vivre !....... Ah ! où est le temps où je recherchais la solitude pour m'occuper uniquement des impressions profondes que je dois maintenant essayer d'arracher de mon cœur !

―――――

Quelqu'un est venu frapper à ma porte. J'étais dans cette situation, dans cette disposition qui rend accessible à la terreur. Il faut qu'elle ait été bien vive, puisque ma mère, qui m'avait alarmée en frappant, s'en aperçut dès qu'elle fut entrée, et qu'elle m'engagea à me tranquilliser un peu.

« Je viens, mon Isaure, me dit-elle
« avec bonté, te voir avant de me cou-
« cher. Il m'a semblé durant le souper
« que tu étais incommodée. Tu m'as
« paru pâle, défaite, et tu étais d'une
« tristesse inquiétante. Qu'as-tu, mon en-
« fant? — Je n'ai rien, maman, lui ré-
« pondis-je en soupirant, je suis assez
« bien ;…. je ne crois pas être malade. »

Elle me pressa tendrement la main, et m'embrassa. J'essayai de lui sourire; mais je ne le pus, et mes yeux se remplirent de larmes.

« Tu as, mon enfant, me dit cette
« tendre mère, beaucoup trop de sensi-
« bilité pour le siècle où nous vivons.
« Tu dois apprendre à la vaincre si tu ne
« veux vivre malheureuse. L'état de ton
« cœur m'est connu, et j'ai remarqué
« avec peine les chagrins qui t'ont agitée

« aujourd'hui. Crois que rien n'échappe
« à la tendre vigilance d'une mère. Eh
« bien ! Isaure, ces agitations dont quel-
« ques circonstances éloignées peuvent
« justifier la cause, et que, par cette rai-
« son, je me sens disposée à excuser,
« ces agitations ne sont plus de saison ;
« tu dois chercher à les maîtriser, à leur
« poser des bornes, si tu ne veux être
« exposée à les voir empoisonner ta vie
« entière. Crois-moi, les momens de bon-
« heur et de tranquillité sont si rares et
« si courts, qu'il faut s'arranger de ma-
« nière à n'en pas retrancher encore. Ces
« principes, pour être rigoureux, n'en
« sont pas moins vrais...... Si jamais,
« Isaure, tu es mère, si le ciel en te bé-
« nissant te donne une fille qui te res-
« semble, tu lui tiendras, comme moi,
« ce langage, et, comme moi, tu ne seras
« pas crue. »

Je pleurais amèrement. Elle m'em-

brassa de nouveau ; je lui sautai au cou ,
et ce fut la seule réponse que je pus lui
faire. Elle m'invita à prendre du repos ;
elle me gronda de ne m'être pas couchée ;
elle eut la discrétion, ou plutôt la bonté,
de ne pas lire le commencement de cette
lettre qui était sur mon secrétaire, et
qu'elle vit bien que j'étais occupée à
écrire. Que serais-je devenue, Julie, si
elle l'eût parcourue ! Combien je suis
touchée de cette indulgence ! Je lui ai
promis de me mettre au lit, et je vais
lui tenir parole. ..... mais me livrer au
repos !..... Je l'ai perdu pour toujours.

LETTRE XII.

Isaure à Julie.

Faut-il, mon amie, que toutes mes lettres soient empreintes de la même tristesse ! Tu liras difficilement celle-ci... Mes larmes baignent mon papier ! Elles ne coulent pas pour moi, Julie, mais pour mon respectable père. J'étais loin de penser qu'il pût devenir plus à plaindre encore !... Lis, et juge de tout ce que j'ai dû souffrir pour lui !

Il s'était rendu aujourd'hui au village voisin, où il avait eu pour ses affaires une nouvelle conférence avec le même procureur; et tu te rappelles sans doute l'effet redoutable dont la première avait été la cause, et le résultat fâcheux qu'elle eut pour moi. Il y a quelque chose d'effrayant dans tout ce qui tient à cet homme de loi. Combien je fus injuste, lorsque j'osai me plaindre de l'humeur que me témoigna mon père à la suite de sa première entrevue avec lui, puisque j'en ignorais la cause! Je ne puis m'imaginer encore ce qui se passe entre mon père et cet homme mystérieux; mais je suis fondée à me livrer, dans mon inquiétude, aux plus fâcheuses conjectures.

Ma mère, qui se plaignait depuis quelques jours d'une indisposition qui s'était fait plus vivement sentir dans la journée, s'était jetée sur son lit, en attendant son mari. Lorsqu'il rentra, j'étais seule dans mon appartement, et j'essayais de me distraire en parcourant Racine.

Il monta, entra brusquement, prit le livre de mes mains, et s'écria, en y portant les yeux : « Iphigénie !... Iphigénie ! et il jeta ensuite sur moi un regard de compassion. Je ne puis te rendre, Julie, quoiqu'il ne s'expliquât pas davantage, tout ce que ce mot semblait exprimer, tout ce que ce regard semblait vouloir dire! Il posa le livre, me saisit entre ses bras, et me pressa contre son cœur. En m'embrassant, je sentis que sa joue était humide. Tu connais mon père : imagine donc tout ce qu'un homme tel que lui doit souffrir, pour qu'une seule larme coule de ses yeux !

« Où est votre mère, mon Isaure, me « demanda-t-il ; est-elle dans son apparte- « ment?.... » Mon Isaure !.... Quoiqu'il m'aime tendrement, il m'a rarement appelée ainsi ; il a toujours, comme père, conservé une certaine réserve avec son enfant... Mon Isaure !... Pourquoi faut-il, mon amie, que je ne doive qu'au malheur cette marque précieuse de sa tendresse! Je ne voulus pas lui apprendre que ma mère était incommodée. Je craignis qu'il ne fût pas en état de supporter cette inquiétude nouvelle, et j'offris d'aller la chercher; mais il me retint par la main, en me regardant douloureusement, comme s'il eût craint que je ne me fusse éloignée, et nous restâmes ainsi pendant quelques instans, et jusqu'à ce que ma mère, qui l'avait entendue rentrer, fût venue nous rejoindre.

Mon père se plaça entre nous, lui demanda des nouvelles de sa santé, et nous considéra ensuite avec attendrissement, et avec une apparente satisfaction, qui pourtant n'était pas celle du bonheur. Il affecta ensuite de nous parler de choses indifférentes avec un ton de gaieté qui ne lui était pas ordinaire, qui n'était pas naturel, et qui nous alarma beaucoup. Il était aisé de s'apercevoir combien il prenait sur lui, combien il faisait d'efforts, et combien ces apparences trompeuses étaient étrangères aux véritables sentimens de son cœur.

Il y eut ensuite un moment de silence, pendant lequel les sensations tumultueuses qui l'agitaient prirent le dessus. Une larme qu'il ne put contenir s'échappa, et mit fin au rôle pénible qu'il venait de soutenir. « Mon bon ami, lui dit ma mère en lui
« prenant une main, tandis que je sai-
« sissais l'autre, quelque chose vous fait
« de la peine! — Oui, s'écria-t-il d'une
« voix altérée; mais tant que vous me
« resterez l'une et l'autre, je pourrai
« encore braver l'infortune. Vous êtes,
« continua-t-il en s'adressant à ma mère,
« la plus tendre et la plus digne des
« femmes! Vous avez constamment, et
« sans murmure, partagé mon sort! Ah!
« je ne puis maintenant vous offrir que
« de la reconnaissance pour tant de vertus!
« Pardonnerez-vous à un malheureux,
« qui ne vous lia à sa destinée que pour

« empoisonner vos jours, et vous enve-
« lopper dans sa ruine? Et vous, mon
« enfant, mon Isaure, aurez-vous assez
« de courage et de dévouement pour ne
« pas abandonner ces cheveux blancs;
« ne craindrez-vous pas de partager mon
« sort? Ah! souriez-moi, mon enfant;
« souriez encore à votre père, et vous lui
« donnerez la force de le supporter....
« Cette retraite, cette dernière retraite,
« où j'espérais terminer mes jours entre
« ma femme et mon enfant; cet asile d'où,
« avec résignation, j'aurais bravé le be-
« soin, l'infortune et la perversité hu-
« maine, cet asile va bientôt m'être en-
« levé. »

Nous fûmes atterrées par cette déclaration. Je tombai en pleurant à ses genoux,
sans pouvoir proférer une parole. Ma
mère le tenait étroitement embrassé. « Ah!
« ne m'abattez pas, s'écria-t-il; je voudrais
« soutenir mon malheur avec la fermeté

« qui convient à un homme... Je me
« sens capable de me résigner... Mais ma
« femme, mon enfant, pourront-ils sup-
« porter la misère et l'abandon ! — Ah !
« lui répondit ma mère, ils pourront tout
« supporter avec vous. »

Je me levai, comme par inspiration. Je l'assurai avec une solennité qui parut l'étonner du plus entier dévouement et de la soumission la plus étendue. Je me sentais comme électrisée, comme élevée au-dessus de moi-même, comme capable de faire au bonheur d'un père les plus douloureux sacrifices, comme capable enfin, pour consoler sa vieillesse, d'épouser même Montalban. Je le lui donnai à entendre; il me comprit et m'arrêta. « Vous me faites éprouver, mon enfant, « me dit-il, la plus douce consolation.... « Mais je connais mon devoir;... vous ne « serez pas sacrifiée. » Ma mère, en ce moment, était debout, les yeux levés au ciel qu'elle semblait implorer pour son mari. Ses deux mains jointes reposaient sur son épaule; je soutenais un de ses bras passé autour de mon cou, et je couvrais sa main tremblante de baisers et de larmes. Ainsi groupé avec nous d'une manière attendrissante, il avait, en ce moment, une contenance résignée et héroïque, et ce spectacle touchant me transporta au-dessus des craintes de la faible humanité.

Leblanc entra pour avertir qu'on avait servi. « C'est assez nous attendrir », dit mon père en s'éloignant et en parcourant à grands pas l'appartement pour essayer de se remettre. Ensuite, reprenant sa fierté ordinaire : « Leblanc, dit-il, allez
« m'attendre dans mon cabinet; j'ai be-
« soin de vous parler. » Il nous engagea à descendre, en nous assurant qu'il ne tarderait pas à nous rejoindre, et il nous quitta.

Lorsqu'il fut sorti, je sentis renaître ma faiblesse. Je regardai ma mère qui se détourna pour me cacher sa douleur. Je me jetai dans ses bras, et je donnai cours à mes larmes. « Ne pleurez pas, Isaure, « me dit-elle, n'ajoutez pas encore à mes « chagrins, en me rendant témoin des « vôtres. » Voilà tout ce qu'elle fut capable de me dire, tandis qu'elle-même pleurait en me parlant.

Nous descendîmes. Mon père rentra. Leblanc vint pour nous servir. Il était pâle, défait, et tremblait tellement que tout lui échappait des mains. Il me sembla pendant le souper qu'il considérait avec attendrissement mon père; il était tellement ému qu'il entendait à peine ce qu'on lui disait, tandis que son maître essayait en vain de manger, en affectant une tranquillité qu'il était loin d'avoir.

Lorsque le souper fut desservi, et que nous fûmes seuls, ma mère prit la parole.

« N'ajoutez pas, lui dit-elle, mon cher
« d'Aubignie, à toutes les peines que nous
« éprouvons, celle de vous voir employer,
« à notre égard, une réserve mystérieuse
« que nous ne méritons pas.... Ne nous
« cachez rien, je vous en conjure.... Nous
« est-il donc arrivé quelque nouveau
« malheur? Ne les avons-nous pas tous
« épuisés, et nous reste-t-il encore quel-
« que chose à redouter? — Je le crains,
« répondit-il avec assez de calme. Cette
« crainte est peut-être mal fondée. Ne
« vous alarmez pas, les choses peuvent
« tourner mieux que je n'ose l'espérer.
« J'étais trop ému avant le souper, et il
« ne m'a pas été possible de vous le ca-
« cher. Il est des momens de faiblesse qu'on
« ne peut absolument vaincre. Quand je
« vous considère toutes deux; quand je
« réfléchis aux trésors dont la Providence
« m'a enrichi; la crainte de les perdre,
« ou de m'en voir séparé, me rend lâche

« et pusillanime ; mais j'ai repris de la
« fermeté, et je me sens maintenant ca-
« pable d'attendre les événemens avec
« résignation..... Vous saurez tout !.....
« Trouvez bon que je n'anticipe pas sur
« l'avenir, sur de nouveaux malheurs que
« le ciel peut encore écarter, et souffrez
« que j'évite de vous causer inutilement
« de la peine. » Il sonna sans attendre
notre réponse. Leblanc rentra, et il lui
donna, selon sa coutume, ses ordres pour
le lendemain.

Comme je montais, j'aperçus ce brave
homme qui m'attendait au haut de l'escalier. Je lui demandai ce qu'il faisait là.
« Ah ! mademoiselle, me répondit-il avec
« le plus grand trouble, je ne sais réelle-
« ment pas ce que je fais. Je voudrais vous
« confier quelque chose d'affligeant que
« monsieur le comte vient de m'appren-
« dre. Son bonheur en dépend ; mais
« je n'ose m'expliquer ici, je crains

« vienne nous surprendre. » Je lui ordonnai de me suivre ; il m'obéit. Le cœur me battait avec une extrême violence, et je précipitai ma course, afin de n'être pas aperçue par ma mère, à que je voulais épargner de nouveaux chagrins.

Quand nous fûmes entrés chez moi : « Eh ! bien, Leblanc, lui dis-je, qu'avez-« vous donc à me confier? — Ah ! made-« moiselle, me répondit-il, je ne peux « vous cacher ce qui vient de se passer, et « la peine que monsieur le comte vient « de me faire. Lorsqu'il m'eut joint dans « son cabinet, où il m'avait donné ordre « d'aller l'attendre, au lieu de me parler « comme je m'y attendais, il se mit à « son secrétaire, et commença à faire des « calculs sur le papier. —Tenez, Leblanc, « me dit-il, quand il eut fini, et en me « donnant ce papier, voilà votre compte. « Voyez si je ne me suis pas trompé.

« J'exige, ajouta-t-il en ouvrant un ti-
« roir, que vous receviez maintenant cette
« somme; car je ne sais si demain elle
« sera à ma disposition, et s'il me sera
« possible de vous la compter. — Je fus,
« mademoiselle, continua Leblanc, tel-
« lement pétrifié par ce discours, qu'il
« me fut impossible de répondre, ni de
« rien apercevoir sur le papier que mon-
« sieur venait de me remettre. J'étais de-
« venu aveugle et muet. Enfin il me pré-
« senta sa main pleine d'or; je reculai,
« saisi d'effroi; je n'aurais pas touché cet
« argent pour tout au monde; car je me
« doutais bien pourquoi il voulait me le
« faire prendre. Il insista d'un ton d'au-
« torité. — Prenez, me dit-il, prenez, je le
« veux. — Alors je revins à moi; je tom-
« bai à ses genoux, en le suppliant de ne
« pas me désespérer par une offre sem-
« blable. Attendri à son tour par mes
« instances, il jeta l'argent sur la table,

« et se détourna pour s'essuyer les yeux.
« — Ah ! Leblanc, s'écria-t-il, avant peu
« rien de ce qui est ici ne m'appartiendra,
« et je ne pourrai peut-être jamais m'ac-
« quitter.... Prenez.... prenez. — Mon cher
« maître, lui dis-je, en lui saisissant la
« main ; car cette scène douloureuse fut
« cause que je m'oubliai un instant ; mon
« cher maître, ne traitez pas votre fidèle
« Leblanc, votre ancien et maintenant
« votre unique serviteur, comme un étran-
« ger, comme un vil mercenaire. Je con-
« nais votre situation, souffrez que je la
« partage ; permettez-moi de continuer à
« vous servir.... Ah ! je ne vous demande
« que cette grâce pour toute récompense.
« — Ne pouvant parler à cause de son
« émotion, il me fit signe, avec bonté, de
« me retirer ; et je fus à peine descendu,
« que je me trouvai mal. »

J'engageai ce brave homme à ne parler
de cette scène affligeante à qui que ce fût,

et je le renvoyai en le remerciant de la preuve touchante qu'il venait de donner à mon père de son attachement pour lui ; je l'assurai de toute ma reconnaissance, et je le priai de continuer ses soins.

Qu'est-ce donc, Julie, qu'un sort impitoyable nous prépare encore ? A force de souffrir, je commence, pour ce qui me concerne, à devenir insensible à ses coups. Mon âme est atteinte d'une espèce de stupeur, et si je sors quelquefois de cette paralysie morale, ce n'est, puisque je dois renoncer au bonheur, que pour éprouver le désir de braver la fortune.... Mais mon père !..... mon respectable père !..... le voir exposé, à son âge et si près du terme d'une vie si long-temps heureuse, à toutes les horreurs de la misère et de l'abandon, aux humiliations et peut-être aux dédains d'un monde qu'il méprise ! Mon cœur saigne à cette pensée, elle m'accable, elle me tue ! Je sens les remords les plus vifs des plaintes que j'ai osé te porter de quelques vivacités que le seul désespoir a pu lui arracher à mon égard ; et telle est l'opinion que j'ai maintenant de sa tendresse pour moi, que je le plaindrais moins peut-être si je ne les avais pas éprouvées.

———

Il est minuit. Je viens d'entendre tout à coup la sonnette de ma mère. J'ai quitté la plume et j'ai couru chez elle. Elle s'est trouvée très-malade, et a presque perdu connaissance. Elle est maintenant un peu mieux, et elle cherche à nous persuader que ce qu'elle vient d'éprouver est peu de chose. Cependant l'apparence du moindre danger m'épouvante, et je suis disposée à mettre tout au pis. Ma tendre mère ayant remarqué que j'étais de suite accourue, me gronda et me fit promettre d'aller me coucher. J'ai obéi, parce que mon père passe la nuit près d'elle; cependant je ne fermerai pas l'œil, et j'aurais été moins agitée si j'étais restée dans sa chambre. Je laisse ma lettre ouverte, afin de pouvoir te dire demain comment elle se trouvera.

―――――

Elle vient, malgré nos conseils, de se lever. Elle prétend qu'elle est bien; nous craignons le contraire.... Elle appréhende de nous alarmer; mais sa pâleur est extrême, ses yeux sont abattus.... Je cherche en vain à me rassurer. Elle vient d'avoir une faiblesse.... Ciel! aie pitié de moi!.... conserve-moi la plus tendre mère.... Ah! que deviendrai-je si je la perds.

―――――

Ma mère, ce soir, est plus mal encore.... J'ai de funestes pressentimens!....

Oh ! mon Dieu, je te demande à genoux de me la conserver.... Ma tête se perd.... mon désordre est au comble.... Julie ! Julie ! ah ! où es-tu ?

LETTRE XIII.

Ursule à Julie.

Mademoiselle,

Ma jeune maîtresse m'ordonne de vous écrire. Elle n'en a pas la force. Dans aucun temps je n'aurais été capable d'écrire à une personne de votre rang, et je le suis bien moins à présent que ma pauvre tête est sens dessus dessous par les tristes événemens dont je viens d'être le témoin, et dont je vais essayer de vous rendre compte. Ah! mademoiselle, quelle bonne maîtresse nous venons de perdre! Certainement, s'il y avait un ange sur terre, c'était madame la comtesse d'Aubignie. Elle n'est plus ! Que le ciel la récompense de ses vertus !

Je crois que mademoiselle Isaure vous a écrit le jour que sa maman est tombée malade. Pauvre chère dame ! On ne la croyait pas si mal ; car la peur de donner de l'embarras et de l'inquiétude faisait qu'elle se plaignait à peine. Cependant cette fois il était aisé de s'apercevoir qu'elle souffrait beaucoup. Cette nuit, monsieur le comte se fit faire un lit dans son appartement, et moi je veillai auprès d'elle. Elle fut très-agitée jusqu'au jour, et si elle attrapait par-ci par-là quelques momens de sommeil, c'était pour se plaindre en rêvant, que c'était une pitié de l'entendre, et pour se réveiller en sursaut, comme si quelque chose l'avait effrayée dans son rêve.

On envoya chercher un médecin qui la fit saigner. Elle parut d'abord s'en trouver mieux; mais cela ne dura pas. La nuit suivante elle se trouva plus malade encore, et ne ferma pas un seul instant les yeux. On lui fit dans la matinée deux autres saignées, et le médecin crut devoir passer la nuit auprès d'elle. Mademoiselle ne quitta l'appartement de madame, pendant tout ce temps-là, que lorsque le médecin exigea qu'elle descendît pour prendre l'air. Monsieur le comte obtint d'elle cependant, cette seconde nuit, qu'elle se couchât, et je l'entendis lui dire tout bas en la conduisant : « Pour Dieu ! mon « Isaure, que je ne perde pas l'une et « l'autre ! Soignez-vous, je vous en prie, « pour l'amour de moi. »

Le troisième jour madame continua d'être à peu près dans le même état; mais pendant la nuit elle fut dans le délire; elle parlait avec vivacité de son mari, de sa fille, de monsieur le comte de Montalban, de mariage; on ne comprenait pas trop ce qu'elle voulait dire, mais elle reprenait connaissance en pleurant sur sa fille, et cela fendait le cœur. Vers le matin elle revint entièrement à elle, et elle me reconnut. Sa voix était fort affaiblie, et le médecin paraissait encore plus inquiet. Il sortit avec monsieur le comte, et madame me demanda qui venait de sortir. Quand je le lui eus dit : « Je me « doute bien, s'écria-t-elle, pourquoi ils « sortent. Ils craignent de m'inquiéter en « parlant devant moi de ma situation ; « mais que la volonté de Dieu soit faite : « je ne crains pas de mourir. »

Mademoiselle rentra ; elle s'approcha de sa maman, et lui demanda comment elle se trouvait. « Je suis moins souf- « frante, mon enfant, lui répondit-elle ; « je crains cependant que cet intervalle « de calme n'amène une crise fâcheuse ; « et l'air consterné du médecin me le « confirme. » — « Ne le croyez pas, ma

« tendre mère, lui répliqua mademoiselle;
« vous n'êtes pas à beaucoup près aussi
« mal que vous le pensez. J'espère que
« le ciel vous conservera à notre amour. »

Le médecin rentra avec monsieur. Il tâta le pouls de la malade; tandis que mademoiselle, éperdue, le fixait attentivement, et que son père se tournait de côté pour cacher son émotion. Monsieur, « dit cette respectable dame au médecin, « en lui souriant avec calme, ne me flat- « tez pas; je sais que vous pensez que je « n'en puis revenir. — Je ne suis pas sans « espérance, madame, lui répondit-il, « quoique j'aie quelque inquiétude. — En « ce cas, lui répliqua-t-elle, je désire me « réconcilier avec Dieu. » Il hésita un instant; mais ensuite il lui dit : « Si votre « tranquillité, madame, en dépend, je « vous y engage, mais seulement sous « ce rapport. »

Madame leva alors les yeux au ciel

avec autant de sang-froid et de résignation que si elle eût été en pleine santé, et demanda son confesseur. Mademoiselle, effrayée, se jeta sur les pieds de sa mère, où elle resta évanouie. Nous eûmes beaucoup de peine à la faire revenir. Madame l'exhorta à se soumettre aux décrets de la Providence. Monsieur la prit par la main en se contraignant lui-même, et, après quelque résistance, il parvint à la conduire hors de l'appartement.

Peu après la malade fut administrée. On lui fit prendre quelque chose qui parut la ranimer, et elle parla ensuite avec plus de facilité. Elle fit signe au médecin de sortir, et elle me dit : « Ursule, allez près « de ma fille, et tâchez de la consoler. » Je vis bien qu'elle voulait rester seule avec monsieur.

Je trouvai en bas, assise près d'une table, mademoiselle qui sanglotait, le visage caché dans ses mains. J'eus beau faire, je ne pus jamais la calmer. Son père vint enfin la trouver, et lui annonça que sa mère désirait lui parler. Il l'exhorta à avoir de la fermeté ; il la prit par la main, la conduisit, et ils restèrent tous trois assez long-temps ensemble.

Lorsqu'on vint me dire de remonter, je trouvai madame fort épuisée de la fatigue et de l'émotion qu'elle venait d'éprouver. Le médecin pensa de même lorsqu'il revint après midi, et en descendant avec lui il me dit à voix basse : « Cette « excellente dame est perdue pour sa fa- « mille : il lui reste peu de temps à vivre. » En effet elle se trouva bientôt beaucoup plus mal, et perdit absolument connaissance. Le médecin déclara qu'il n'y avait plus rien à faire, rien à espérer, et il resta près d'elle jusqu'à environ trois heures du matin qu'elle rendit le dernier soupir.

Mademoiselle, en apprenant ce triste

événement, eut faiblesses sur faiblesses, et nous tremblâmes qu'elle n'y restât. Monsieur le comte soutint ce malheur avec un courage héroïque, surtout quand on considère que jamais mari n'a autant aimé sa femme. Il paraît actuellement ne s'occuper que de sa fille, et il affecte sûrement une fermeté qu'il est loin d'avoir, pour la lui inspirer et l'empêcher de succomber à ses chagrins.

Ma jeune maîtresse m'engagea ce matin à l'accompagner dans l'appartement de madame. Je fus aussi effrayée de cette demande que surprise de la tranquillité avec laquelle elle me la fit. J'osai essayer de la détourner de ce dessein ; mais elle finit par me persuader qu'elle était en état de supporter ce douloureux spectacle, et je la suivis en tremblant. Lorsque nous arrivâmes près de la porte, elle s'arrêta, se pencha sur mon épaule, pleura amèrement ; et quand je la suppliai de nouveau de ne pas entrer, elle reprit courage, me dit qu'elle le voulait absolument, et ouvrit tout à coup la porte avec une espèce de désespoir. La première chose que nous aperçûmes fut monsieur le comte à genoux près du lit, tenant une des mains de madame. « Ursule ! soutiens-moi », me dit mademoiselle en s'appuyant sur mon bras. Elle fit un effort et s'avança près du lit. Elle prit la main que son père venait d'abandonner, et la baisa en considérant douloureusement la meilleure des mères. « Mon enfant ! s'écria-t-il ; « mon Isaure ! — Mon père ! mon tendre « père ? répondit-elle, vous n'avez donc « plus que votre fille au monde »! et ils se jetèrent dans les bras l'un de l'autre. C'était un spectacle bien déchirant, car je ne pus m'empêcher de fondre en larmes, autant d'attendrissement que de douleur, et j'en pleure encore en vous écrivant.

Daigne le ciel bénir le père et la fille, et les conserver pour se soutenir et se consoler ensemble!

Ma jeune maîtresse vient de m'appeler pour me demander si je vous avais écrit; et quand je lui eus répondu que j'avais suivi ses ordres, elle désira savoir si j'avais fait partir la lettre. Je crus qu'il convenait de dire qu'oui, pour éviter qu'elle ne voulût la voir, et pour lui épargner le chagrin qu'elle aurait eu en la lisant.

Je crains, mademoiselle, de m'être bien mal acquittée de sa commission, et je sens que cette lettre ne serait pas digne de vous si elle ne contenait des détails qui vous intéressent à cause de l'amitié que vous avez pour elle. C'est la première fois que j'ai l'honneur d'écrire à une dame telle que vous; j'ai dit les choses comme elles se sont passées, et comme elles se sont présentées à mon esprit. Je vous prie de me pardonner si je n'ai pu mieux faire, et d'être persuadée du profond respect avec lequel j'ai l'honneur d'être,

MADEMOISELLE,

Votre très-humble et très-obéissante servante,

URSULE HIARD.

LETTRE XIV.

Isaure à Julie.

Enfin, mon amie, je me crois en état de t'écrire. Seule, vis-à-vis un père aussi profondément affligé, je n'éprouve aucune contrainte, et je puis m'abandonner sans réserve à toute ma douleur. Nous trouvons, mon père et moi, quelque consolation à nous y livrer. La première violence est apaisée, et je puis maintenant partager ma peine avec mon amie.

« La peine que vous venez d'éprouver
« est commune à l'espèce humaine. Vous
« deviez vous y attendre, et il faut vous y
« résigner ! »

Tel est en raccourci le langage rebattu que me tient la foule des consolateurs froids et insensibles dont il m'a fallu recevoir les complimens de condoléance. Ce langage dur est peut-être vrai; s'il peut suffire à beaucoup de personnes, il ne peut me convenir, il ne peut me consoler, moi, dont la perte est tellement grande, que ma douleur ne peut jamais l'égaler. Ce n'est pas tout que d'avoir perdu la meilleure, la plus tendre des mères! Conçois, s'il est possible, la situation malheureuse d'une jeune personne telle que moi sans appui, sans guide, près d'un père âgé, courbé sous l'infortune, et ayant besoin lui-même d'être soutenu contre les revers qui l'accablent; près d'un père sur le bord de sa tombe, ayant survécu à tout ce qui lui rendait la vie agréable, à l'épouse dont les rares vertus lui aidaient à la supporter, ayant perdu ces amis qui ne nous aiment que dans l'opulence, et dont il a achevé de s'éloigner avec une juste indignation; près d'un père enfin abandonné par des parens avides, qui, après l'avoir dépouillé par un procès inique, rougiraient d'envisager aujourd'hui l'homme respectable qu'ils ont aussi cruellement traité. Et cet homme infortuné n'a plus que sa fille pour soutien et pour consolation ! Eh ! qui la soutiendra, elle, si peu accoutumée à braver le malheur !... Ah ! le ciel sans doute, et ma Julie !... Ils me prêteront les forces, le courage et les vertus qui me manquent ; et si je ne devais compter sur leur secours, ma seule ressource serait le désespoir !

Ma mère !... ma bonne mère ! Tu l'as connue, mon amie. Ce n'est pas toi que j'ai besoin de convaincre de l'étendue de ma perte ! Ce n'est pas toi qui voudras entreprendre de me persuader que je dois cesser de la pleurer ! Ce n'est pas toi qui, pour essayer de me consoler d'un malheur irréparable, m'offriras de ces phrases banales qui blessent par leur froide insignifiance.... Tu pleureras avec moi, et mes larmes seront moins amères.

Le caractère de cette femme angélique, tout à la fois doux et ferme, sensible et résigné, était la puissance tutélaire qui nous fortifiait et nous soutenait contre les rigueurs de l'adversité, et elle nous éclaira et nous guida jusqu'à son dernier soupir.

La veille de sa mort elle me fit appeler, et m'ayant fait asseoir près de son lit : « Je sens, mon enfant, bien vivement, « me dit-elle, toute l'amertume de notre « séparation, surtout en laissant ton père « et toi en proie au besoin et à l'infortune. « Vous n'avez qu'une consolation à es- « pérer, c'est de placer une confiance « entière dans la protection de cet Être « suprême qui n'abandonne jamais celui « qui a recours à lui. Souviens-toi, « Isaure, qu'après Dieu tu vas devenir le « seul appui du malheureux d'Aubignie,

« et que de toi seule, de ta conduite à
« son égard, va dépendre l'unique soula-
« gement qu'il peut espérer à ses chagrins
« pendant le peu de temps qui lui reste
« encore à vivre. Mais je te connais, je te
« rends justice, et je n'ai pas à craindre
« qu'un seul jour de sa triste existence
« soit jamais retranché par ta faute.... Je
« m'étais flattée, mon enfant, pendant un
« temps, de voir se réaliser un établisse-
« ment qui aurait puissamment contribué à
« adoucir et à consoler sa vieillesse. Tu
« as cru devoir l'écarter. Je ne veux rien
« te prescrire, je ne veux pas tyranniser
« ton cœur. Je connais sa pureté, et je
« m'en rapporte à tes vertus, à ta piété
« filiale...., au ciel enfin qui t'éclairera si
« tu recours ardemment à lui. »

Jusqu'ici elle avait parlé, quoiqu'avec difficulté, sans s'interrompre; la voix lui manqua tout à coup, et il lui fut impossible de continuer. Mon père entra et se plaça près de nous. Elle étendit la main, prit les nôtres qu'elle réunit en les pressant tendrement, et retomba sur son oreiller, comme si ce dernier effort l'eût totalement épuisée. Elle leva les yeux au ciel, et parut lui demander pour nous une protection qu'elle ne pouvait plus nous accorder. Elle essaya en vain de prononcer encore quelques mots; nous n'en pûmes saisir que quelques syllabes, mais son regard exprimait avec force les derniers vœux qu'elle formait pour notre commun bonheur.

Ses dernières paroles retentissent encore à mon oreille!... elles sont sacrées!... jamais je ne les oublierai. Mais cet établissement qu'elle a désiré, qui pouvait, disait-elle, consoler la vieillesse d'un père, et qu'ils ont eu l'un et l'autre l'indulgence de ne pas exiger; mon mariage enfin avec Montalban ! N'y a-t-il pas, Julie, un motif puissant, la conscience enfin qui s'y oppose? Ah! mon consentement à ce mariage me paraîtrait un crime; car comment promettre un attachement qui peut n'exister jamais, qu'il ne dépend pas de soi d'accorder, et qui ne serait peut-être remplacé que par des regrets et des remords? Cependant ne me trompé-je pas? Ne prendrais-je pas un reste d'attachement pour Alphonse pour le cri de ma conscience? J'ai cependant scruté avec soin mes plus secrets sentimens; et je me suis convaincue que ce ne sont pas eux qui s'opposent à un sacrifice que rien, suivant moi, ne pourrait justifier. S'il en était autrement, de quoi ne serais-je pas capable en faveur d'un père aussi malheureux! Avec quelle joie, quel empressement n'irais-je pas au-devant de tout ce qui pourrait contribuer à calmer ses peines!

Cette dernière catastrophe l'a absolument changé. Cette fierté qui paraissait braver l'adversité, mais qui, dans le fait, n'était qu'irritée par elle, semble l'avoir totalement abandonné. Il envisage sa situation avec calme. Il est plus profondément affligé, mais moins aigri, moins ulcéré. Il cesse de combattre contre un sort irrévocable ; il se résigne. Ses larmes coulent fréquemment ; mais elles m'inquiètent moins que la sombre mélancolie à laquelle il était en proie. Nous pouvons maintenant les confondre ; nous pouvons nous livrer sans contrainte à toute notre affliction ; et ces soins, ces attentions qu'il obtenait jadis autant du devoir que de la piété filiale, sont devenus le tribut volontaire et exclusif de mon cœur.

La perte que nous venons de faire avait opéré une diversion à d'autres inquiétudes qui m'avaient précédemment agitée, et qui se renouvellent maintenant avec force ; car je ne puis me rappeler les craintes mystérieuses de mon père sur les faibles débris de notre fortune, sans en être épouvantée.

J'ai autorisé Ursule à t'écrire dans les premiers momens qui ont suivi la mort de ma mère. J'étais alors absolument hors d'état de le faire. Elle a dû te donner les détails affligeans qui ont accompagné ce fatal événement. Je connais son intelligence et son exactitude, et je ne doute pas qu'elle ne se soit acquittée avec soin de cette triste commission. J'évite donc de te les répéter ici, et je me borne à ceux dont il ne lui a pas été possible de t'instruire.

J'ajouterai que Montalban s'est conduit dans cette circonstance comme on devait l'attendre d'un homme de son caractère. Sa délicatesse, sa grandeur d'âme, sa générosité ne se sont pas démenties. Combien cet homme serait intéressant s'il ne m'aimait pas, s'il n'avait demandé ma main, s'il n'était la cause involontaire d'une partie des chagrins que j'éprouve !

Il vint voir mon père le lendemain du jour où je perdis ma mère. « Je n'entre-
« prendrai pas, mon cher d'Aubignie,
« lui dit-il, de vous consoler de la perte
« cruelle que vous venez de faire. Je ne
« viens pas vous offrir ces froides conso-
« lations qui ne disent rien au cœur de
« celui qui souffre, et qui au contraire
« l'irritent davantage. Votre douleur est
« juste, je viens la partager; je viens vous
« proposer, afin que vous puissiez vous
« y livrer sans contrainte, de me charger
« pour vous de ces soins douloureux qui
« nous font plus de mal que les larmes
« qu'ils nous obligent de suspendre. Croyez,
« mon cher d'Aubignie, qu'aucun de ces
« soins ne me paraîtra, tel qu'il soit, au
« dessous de moi, s'il peut vous être utile,
« et vous laisser sans partage à vos re-
« grets. »

Et voilà l'ami précieux dont, en refusant la main, je m'expose à priver mon

père ! Car ce sexe fier, lorsqu'il est rejeté dans ses poursuites, lorsqu'il n'obtient pas la femme qu'il recherche, ne se contente pas, s'il était lié avec sa famille, de se replacer dans la situation où il était avant que de s'être déclaré ; il se croit encore obligé de s'éloigner et de rompre tous les liens qui existaient avant cette époque. Sexe injuste, impérieux et vindicatif ! Tel peut convenir pour ami, qui cependant ne convient pas pour époux. Pourquoi faut-il qu'en refusant ce dernier titre à l'ami, on soit presque toujours exposé à le perdre ! Aurai-je à me reprocher un jour d'avoir ôté Montalban à mon père !.... Je suis tourmentée de cette idée !.... Je me rappel les craintes et les recommandations de ma mère ; et cependant mon cœur, quand je le consulte, repousse un pareil sacrifice.... Soutiens-moi, éclaire ton Isaure.... Dis moi si mon cœur m'égare.... Aide-moi en ce cas à lui imposer silence.... Il n'y a que dans les sentimens qu'il éprouve pour toi qu'il ne variera jamais.

La seule amie que je possédais avec toi n'existe plus. Remplace-la, Julie ! J'ai besoin de remplir le vide que sa perte me cause, et je t'aime déjà tellement, qu'il ne me sera pas difficile de t'aimer encore davantage. Adieu.

LETTRE XV.

Isaure à Julie.

Je reçois, mon amie, ta réponse à ma dernière lettre. Je t'avoue qu'elle n'est pas telle que je l'attendais, et qu'elle m'a fait de la peine. Peut-être cela vient-il de cette disposition qui nous porte à n'écouter avec plaisir, avec docilité, que les avis complaisans qui s'accordent avec nos inclinations ; tandis que nous ne devrions, lorsque les passions nous maîtrisent, nous guider que par ceux d'une austère amitié. Faibles humains ! incapables, comme nous le sommes alors, de juger par nous-mêmes, nous demandons des conseils pour les rejeter ensuite, quand ils contrarient nos penchans.

Tu m'assures que ce n'est que l'absence d'Alphonse qui donne à l'attachement que je lui conserve, malgré son infidélité, cette dangereuse énergie qui contribue à me rendre aussi malheureuse ; que l'intérêt que nous éprouvons pour les choses éloignées, ou pour celles que nous croyons avoir perdues, est beaucoup plus vif que celui que nous ressentons pour les objets présens, ou qui sont en notre pouvoir ; et que si Alphonse infidèle était maintenant près de moi, et que je le visse chaque jour l'époux d'une autre femme, je finirais par y devenir absolument indifférente. Tu ajoutes que c'est oublier ce que je vaux, et me dépouiller de cette fierté délicate qui ne doit jamais abandonner mon sexe, que de permettre à cette passion de maîtriser ainsi mon cœur, et que les exemples nombreux que t'offre la société t'empêchent d'accorder à ces impressions la force irrésistible que je leur prête. Tu prétends qu'il suffit pour les vaincre de le vouloir fortement, et que l'ascendant que nous leur laissons prendre, en nous abandonnant lâchement à elles, n'a pour cause qu'une espèce d'indisposition morale qui peut être domptée par le secours de la prudence et de la raison.

Je ne sais, Julie, si tout cela est vrai ; mais tandis que tu parles le langage de la sagesse, je ne trouve, moi, que mon cœur pour te répondre. Encore te rendrais-je mal ce qu'il éprouve ; car l'amour et la raison ne pouvant avoir un langage commun, il te serait impossible de me comprendre. Le cœur en pareille circonstance a une manière de voir, de sentir et de juger, qui n'en est pas moins sûre, quoiqu'on n'en puisse rendre compte. Ses sensations sont tellement délicates, qu'elles échappent à l'expression, et semblent au contraire se concentrer devant le langage froid de la *prudence* et de la *raison*. Loin de se prêter à combattre avec des armes inégales, le cœur, lorsqu'il y est contraint, se trouve froissé par cette espèce de violation profane, et ses sensations pour être heurtées n'en deviennent que plus impétueuses.

Je ne tiens cependant pas, Julie, autant que tu parais le croire, au souvenir d'Alphonse...... Il est peut-être en mon pouvoir de l'oublier..... Oui, je crois que je le peux. Je conviens même qu'il est nécessaire que je l'oublie ; et le temps, ce consolateur des cœurs affligés viendra sans doute à mon aide...... Il est heureux ! Que peut-il attendre de moi !....... Il est l'époux d'une autre ! Que puis-je attendre de lui !

Cependant puis-je épouser un homme, tel recommandable qu'il soit, si je n'éprouve au moins en sa faveur ce sentiment d'une préférence décidée, qui n'a pas eu besoin du secours de la *prudence* et de la *raison*? Tu fais valoir l'amour extrême du comte de Montalban; tu m'assures que ses vertus, ses qualités, ses soins et ses attentions lui mériteront après le mariage l'attachement et l'amitié d'une femme aussi sensible, aussi reconnaissante que moi! Pourquoi m'engages-tu, Julie, à tenter une semblable épreuve?...... Si je pouvais consentir à mettre ainsi mon bonheur au hasard, serais-je jamais justifiée d'y avoir exposé celui de mon mari?

« Je l'estime, me dis-tu, je l'admire
« même, cela suffit pour justifier mon
« choix, et il y a peu de distance de ces
« sentimens à ceux qui doivent rendre
« un mariage parfaitement heureux. »
Peut-être bien; mais la *prudence* exige que le comte de Montalban se contente de mon estime et de mon amitié, qu'il évite d'avoir à réclamer plus tard, comme époux, un genre d'attachement que je ne

pourrais lui accorder; la *prudence* veut qu'il ne s'expose pas à perdre des avantages réels, en cherchant à en obtenir d'aussi incertains; la *prudence* veut enfin qu'il ne risque pas inconsidérément d'empoisonner pour la vie notre existence commune. S'il se flatte, ainsi que toi, que l'estime et l'amitié qu'il m'a inspirées pourront un jour me conduire à des affections plus tendres et plus vives; eh bien! qu'il attende l'instant où elles doivent se développer; qu'il attende enfin l'époque où je pourrai sans remords lui donner ma main.

Je lui ai dit tout cela, Julie; oui, je le lui ai dit. Je l'ai forcé de convenir de la sagesse de ces observations, de la témérité de ses poursuites, et du danger qui les accompagnait..... A mon grand étonnement il ne paraît pas du tout disposé à s'en désister; il espère que la violence de son amour lui servira d'excuse. Est-ce donc là agir avec délicatesse, avec générosité ! Ah ! les hommes, les hommes ! Avec quelle légèreté ils nous traitent ! Ils ont l'air de croire que nous ne sentons pas comme eux ; pour obtenir ils mettent impérieusement en avant la violence de leurs désirs, et ne veulent pas que notre répugnance, ou notre éloignement pour les satisfaire, soit un motif suffisant de refus ?

————

Mon père vient de m'envoyer dire de descendre. J'entends depuis quelque temps la voix de Montalban. Quelque chose me dit que cette visite a un but important. Vais-je donc être exposée à de nouvelles persécutions ? Cet homme, à coup sûr, finira par se faire haïr. Tu sauras de quoi il est question avant que je ferme ma lettre..... Mon père m'envoie prévenir qu'il m'attend de suite..... J'obéis, je tremble en descendant.

JE ne puis, mon amie, revenir de mon étonnement! J'ai besoin de me calmer pour pouvoir te faire le détail de ce qui vient de se passer... Je craignais Montalban! Femme injuste et déraisonnable! Montalban est devenu mon ange tutélaire, il vient de me soulager en un instant de toutes mes inquiétudes. Pourquoi donc serais-je étonnée de sa générosité? Sa grandeur d'âme ne m'était-elle pas connue, et était-ce à moi, à mon inexpérience qu'il appartenait de juger un homme tel que lui?

A peine fus-je descendue, que mon père, sans me rien dire, me conduisit dans l'appartement où j'étais attendue. Montalban était debout et dans l'attitude d'un homme qui réfléchit profondément. Il me salua en silence; mon père me fit asseoir, l'engagea à se placer à mes côtés, et fut se mettre à la croisée en nous tournant le dos. Montalban essaya en vain deux fois de m'adresser la parole ; mais, contre son ordinaire, elle lui manqua totalement, tant il était agité, et le silence le plus profond continua de régner.

Mon père, voyant son embarras, s'approcha, et lui proposa, pour le mettre plus à l'aise, de se retirer dans la pièce voisine. J'étais, Julie, plus morte que vive ; je ressemblais à un malheureux qui va entendre prononcer sa sentence. « Non, « monsieur, lui répliqua Montalban en « reprenant quelque fermeté ; non, mon- « sieur ; ce que j'ai à déclarer à made- « moiselle vous est connu. C'est une es- « pèce d'expiation que je vous dois ainsi « qu'à elle, et je serai bien aise, au con- « traire, que vous en soyez le témoin. Je « suis devenu, mademoiselle, continua-t- « il en s'adressant à moi, une cause in- « volontaire de trouble dans une famille « intéressante et respectable, dont la so- « ciété, depuis que je suis en ce pays, m'a

« été infiniment précieuse. Je suis pénétré
« de reconnaissance pour l'amitié dont
« elle a bien voulu m'honorer. Touché
« plus encore par vos vertus que par vos
« charmes, j'ai désiré m'unir à elle par
« un lien sacré. Vous possédez tout ce qui
« peut justifier cette témérité ; voilà mon
« excuse, et ni vous, ni votre famille n'a-
« vez dû être surprises de mon choix. J'a-
« voue que du moment où ma recherche
« a pu vous déplaire, du moment où mes
« instances pour vous obtenir ont pu
« blesser la paix intérieure de cette fa-
« mille, je me suis exposé à voir s'altérer
« l'estime que vous m'aviez accordée, et
« je ne puis me résoudre à la perdre. Je
« renonce à votre main ; j'abandonne
« pour jamais la France ; ce n'est qu'en
« cessant de vous voir, qu'en fuyant les
« lieux où je vous ai connue, que je puis
« espérer de retrouver la paix de mon
« cœur. Mais lorsque je me résous, ma-

« demoiselle, à un aussi douloureux sa-
« crifice, je vous conjure de regarder ce
« pénible abandon, non comme un affai-
« blissement des sentimens que je vous
« porte, mais comme une preuve d'obéis-
« sance à vos volontés, comme une preuve
« du dévouement que vous avez su m'ins-
« pirer. Si l'amitié que vous m'aviez si
« généreusement accordée a pu souffrir
« quelque diminution de mes efforts pré-
« somptueux pour obtenir votre main,
« ah! laissez-moi au moins espérer que je
« pourrai la recouvrer en lui sacrifiant
« mes plus chères espérances, et qu'en
« imposant silence à mon cœur, j'en serai
« dédommagé en acquérant de nouveaux
« droits à votre estime. »

Il était vivement ému, et mon agitation
égalait la sienne. Il se tut pour attendre
ma réponse; la surprise m'empêchait de
parler. Frappée d'admiration, ravie de
me retrouver libre, je manquais d'expres-

sions pour rendre tout ce que j'éprouvais. Lorsque je descendais dans mon cœur, je ressentais une espèce d'humiliation du peu d'empire que j'avais sur moi-même, et elle s'augmentait encore du pouvoir étonnant que Montalban avait sur ses passions. Je devins aussi faible à mes yeux que cet homme rare se montrait grand et généreux. Mais lorsqu'en le considérant j'aperçus, par l'altération de ses traits, tout ce que lui coûtait ce sacrifice, je crus pour un instant que l'attendrissement et la reconnaissance allaient m'entraîner même au-delà de l'amitié.

Je le remerciai de sa générosité, et je lui promis de le dédommager de ce qu'il croyait perdre par tous les sentimens qui étaient en mon pouvoir. Je le quittai avec regret; mon père me reconduisit. « Te « voilà tranquille, mon enfant; cepen- « dant, quel époux tu perds! et qui pourra « jamais le remplacer! »

Ah ! Julie, combien en effet cet homme rendrait heureuse toute autre femme que ton Isaure !... Mais elle ! elle est irrévocablement destinée à être malheureuse.... Elle subira son sort. Adieu.

LETTRE XVI.

Montalban à M. Duverger, à Paris.

Je ne vous remets ci-joint, monsieur, que trois des cinq lettres de change que je vous avais annoncées. J'ai besoin des deux autres de vingt-cinq mille francs chacune. Si vous n'avez pas placé les sommes que je vous ai remises dernièrement, gardez-les, ne vous pressez pas de me faire de nouvelles acquisitions, car je me suis décidé à quitter bientôt la France pour aller me fixer définitivement à Madrid. Réglez mes affaires et préparez vos comptes pour l'instant où je passerai à Paris.

Envoyez sans le moindre retard l'incluse

à son adresse. Elle est pour un monsieur Chouard, procureur au parlement de Paris. Comme il est très-connu, assurez-vous que l'adresse, que je tiens de mon intendant, est bien mise, et sa demeure bien indiquée, car je n'en suis pas certain.

Ce procureur doit s'absenter incessamment, et il importe extrêmement qu'il reçoive ma lettre avant son départ. Si malheureusement il était déjà parti lorsque vous vous présenterez chez lui, ne perdez pas un seul instant à me la renvoyer par un exprès à franc-étrier. Si vous le trouvez, comme elle n'est pas signée, demandez-lui, après qu'il l'aura lue, et en votre nom, un récépissé de la somme de cinquante mille francs qu'elle contient en deux lettres de change.

Surtout gardez-vous bien de me nommer; écrivez-moi sur-le-champ pour m'instruire du résultat... Je ne serai tranquille que lorsque j'aurai votre réponse.

LETTRE XVII.

Ursule à Julie.

MADEMOISELLE,

Je prends la plume à la hâte pour vous apprendre le plus grand des malheurs. Je connais votre amitié pour ma jeune maîtresse, et je suis persuadée que vous me saurez gré de vous avoir prévenue des chagrins qui l'accablent. Elle est d'ailleurs hors d'état de vous écrire, et quand elle le pourrait, sa délicatesse, j'en suis sûre, ne lui permettrait pas de vous instruire de ce qui se passe, à cause des efforts que vous ne manqueriez pas de faire pour la secourir.

Je souffre, mademoiselle, d'avoir à vous annoncer une aussi fâcheuse nouvelle, et je ne sais vraiment comment m'y prendre. M. d'Aubignie est à la veille d'être arraché de chez lui, et j'ignore où il pourra se réfugier! Il paraît qu'il doit une somme assez considérable, tant pour le reste du capital que pour les frais du procès qu'il a perdu, et qui l'a ruiné; qu'on a mis cette affaire entre les mains d'un homme de loi qui le poursuit depuis long-temps avec un acharnement sans exemple, qui a obtenu un jugement ordonnant la vente de cette campagne son unique asile, et qui vient enfin d'arriver pour le mettre à exécution. Ah! mademoiselle, M. d'Aubignie en mourra de douleur, et mademoiselle ne lui survivra pas.

Le procureur est arrivé ce matin; il a présenté à monsieur une copie de ce jugement; il lui a demandé la somme portée, et sur l'impossibilité où celui-ci déclara qu'il était de pouvoir l'acquitter, il lui fit de suite signifier par un huissier de quitter sa demeure en lui en déclarant la saisie. Il fit ensuite procéder à l'inventaire des meubles dont il annonça que la vente allait se faire, ainsi que de la maison. M. d'Aubignie, voulant épargner à sa fille un semblable spectacle, pria, supplia le procureur de se retirer avec ses gens jusqu'à l'après-midi, et de lui permettre de se servir encore une fois de son cabriolet et de son cheval pour conduire mademoiselle à Paris; mais on lui refusa cette grâce, quoiqu'il offrît de faire ramener la voiture par Leblanc, qui proposa de se rendre garant du retour. Je crois que monsieur avait l'intention de conduire mademoiselle chez vous. Comment le pourra-t-il à son âge, dans la saison où nous sommes, et à une semblable distance, sans voiture, et peut-être sans aucun moyen de s'en procurer? Le cœur me saigne en vous racontant tout cela.

Malgré les précautions qu'il prit pour que mademoiselle n'entendît rien, elle appela Leblanc, et lui demanda ce que c'était que ces gens qui venaient d'arriver. Il éprouvait un chagrin si violent qu'il ne put le lui cacher, et qu'il fut obligé de lui en dire la cause.

A peine en fut-elle informée qu'elle franchit l'escalier comme un éclair, se jeta au cou de son père en sanglotant, au point que cela aurait attendri l'homme le plus sauvage. Je ne pus m'empêcher de l'observer au procureur, à qui cela parut ne faire aucune impression. Il alla son train sans s'inquiéter de mademoiselle, quoiqu'elle fût dans un état comme de ma vie je n'ai vu personne; et tout ce que je pus dire ou faire pour la consoler ne servit à rien.

Enfin le domestique du procureur, qui

était resté au bourg, vint lui remettre une lettre, et celui-ci l'eut à peine parcourue, qu'il quitta tout à coup la maison en laissant cependant ses gens pour la garder, avec recommandation de n'en laisser rien sortir. Ils sont encore chez nous à attendre son retour. Ils disent que cette lettre est sans doute quelque *rubrique* qu'on a employée pour les détourner de leur besogne; que cela ne *prendra pas*; que monsieur...... je ne sais comment ils l'appellent, ne tardera pas à revenir, et qu'ils sont bien sûrs d'aller *en avant*. Ces gens-là font horreur. Ils sont aussi durs qu'insolens, et ils sont non-seulement insensibles au m qu'ils font, mais ils paraissent même y trouver du plaisir. Pour monsieur le comte il est là sur une chaise, immobile, les bras croisés, et comme dans un état de stupeur.

Je suis obligée de fermer ma lettre, parce que je perdrais l'heure où le messager vient prendre le paquet. Je vous manderai demain ce qui se sera passé; je voudrais bien pouvoir vous écrire quelque chose de plus consolant; et dans cet espoir, j'ai l'honneur d'être avec un profond respect,

MADEMOISELLE,

Votre très-humble et très-obéissante servante,

URSULE HIARD.

LETTRE XVIII.

Ursule à Julie.

Mademoiselle,

Vous avez dû ressentir une bien grande peine en apprenant par ma dernière lettre tous les chagrins que monsieur et mademoiselle ont éprouvés. J'ai d'autant plus de regret de vous avoir mandé tout cela, qu'à présent ces chagrins sont dissipés comme par enchantement, et qu'il n'en reste plus que le souvenir.

Je m'empresse de vous annoncer cette bonne nouvelle, et de vous dire que monsieur doit cette heureuse délivrance à la pure générosité de monsieur le comte de Montalban, et c'est bien par hasard que nous l'avons su. Je dis sa pure générosité, et vous trouverez que j'ai raison, quand vous saurez qu'il a avancé pour M. d'Aubignie une somme aussi considérable que 50,000 francs, sans avoir l'espoir d'en être jamais remboursé, et même sans que monsieur lui ait demandé ce service; car il serait plutôt mort de besoin que de s'adresser à personne. Vous savez qu'il a beaucoup de fierté, et je crois que ses malheurs lui en ont donné encore davantage. Il vient cependant de sortir pour aller chez monsieur de Montalban, et sans doute pour le remercier; car celui-ci sachant qu'il est connu pour l'auteur de cette belle action s'est bien gardé de venir, de crainte, dit monsieur, qu'on ne crût qu'il voulait recueillir une espèce de triomphe de sa générosité.

En vérité, mademoiselle, la chose s'est faite comme par magie, et sans qu'aucun de nous ait pu se douter comment. Le maudit procureur ne revint plus ici, il envoya seulement à l'huissier une quittance de tout ce que devait M. d'Aubignie, avec ordre de la lui remettre, de laisser tout en place, et de se retirer aussitôt. Ces vautours devinrent tout à coup aussi doux et honnêtes qu'ils avaient été grossiers et insolens. Ils se confondirent en excuses; on ne les écouta pas; ils demandèrent de l'argent pour boire; monsieur eut la bonté de leur en donner en leur signifiant de se retirer sur-le-champ, ce qu'ils firent avec une politesse basse et dégoûtante, et en saluant jusqu'au jardinier.

Monsieur, ne concevant rien à ce mystère, les fit suivre par Leblanc jusqu'au bourg, où le procureur, qui se disposait à partir, l'instruisit que monsieur le comte de Montalban avait d'abord envoyé la somme à Paris pour lui être comptée au nom d'un inconnu ; mais qu'étant déjà parti, on n'avait pu la lui remettre ; qu'alors, et l'affaire étant pressante, monsieur de Montalban avait pris le parti de lui écrire la lettre qu'il avait reçue au milieu de son opération, et qui lui enjoignait de la suspendre, et de se rendre au bourg, où il le satisferait avec des fonds qu'on venait de lui remettre pour monsieur d'Aubignie. Vous concevez, mademoiselle, que celui-ci étant absolument ruiné, et n'ayant de fonds dans les mains de personne, il n'est pas douteux que tout cela ne soit un biais qu'a employé monsieur de Montalban pour cacher qu'il payait de sa bourse, et que c'était lui qui venait au secours de monsieur. Il n'a pu malheureusement y réussir, et cela est fâcheux, puisque celui-ci paraît souffrir autant du service qu'on lui a rendu, qu'il souffrait de se voir chassé de son dernier asile. J'oubliais de vous dire qu'au moment où Leblanc quittait le procureur, celui-ci recevait un billet de monsieur de Montalban, qui lui enjoignait de garder le secret sur son nom; mais il n'était plus temps.

Monsieur vient de revenir de sa visite, et il est resté bien long-temps enfermé avec mademoiselle. Je crois qu'il s'est passé quelque chose de fort intéressant entre eux; mais je ne peux deviner au juste ce que cela peut être. Je m'en doute bien un peu, et si j'osais vous faire part de ce que j'en pense, je vous dirais que je crois qu'il est question de mariage, et qu'il en a déjà été question. Peut-être, mademoiselle, en savez-vous plus que moi à cet égard; cependant, sans avoir jamais écouté aux portes, ce qui serait fort mal, j'ai cru m'apercevoir que monsieur de Montalban aimait beaucoup ma jeune maîtresse, mais qu'elle ne le payait pas de retour. Ce serait pourtant un bien bel établissement, puisque monsieur de Montalban est immensément riche, extrêmement généreux, et de plus fort bel homme. Je suis persuadée qu'elle serait heureuse comme une reine ; car il ne se passe pas de semaine qu'il ne me fasse quelque joli cadeau. Ce n'est sûrement pas à cause de cela que j'en parle, ni pour blâmer mademoiselle que j'aime tant; et pourtant la femme qui refuserait un pareil mari serait bien difficile ! Je vous prie de me garder le secret sur tout ceci ; car mademoiselle me trouverait bien hardie, et elle m'en voudrait d'oser ainsi chercher à pénétrer les secrets de son cœur ; mais c'est que je suis persuadée que monsieur Alphonse, avec qui nous avons eu tant de plaisir à Belleville, que nous aimions tant, que nous avons tant regretté, et qui était si joli garçon, tient encore au cœur à mademoiselle, et qu'il entre pour beaucoup dans l'éloignement qu'elle a pour monsieur de Montalban. Quoique ce jeune homme ne me fît pas autant de cadeaux que celui-ci, parce qu'il ne le pouvait pas, j'aurais voulu que mademoiselle l'épousât, parce que je crois que cela lui aurait fait plaisir; qu'il ne faut pas toujours considérer son intérêt quand on est attaché à ses maîtres, et que je suis sûre que s'il eût épousé mademoiselle, il eût été, après le mariage, généreux comme un prince. Il est, dit-on, marié aux îles, il a fait un mariage d'intérêt; ainsi il est bien inutile d'y penser davantage et de s'en faire de la peine. Je suis certaine que mademoiselle n'aurait pas plutôt épousé monsieur de Montalban qu'elle ne penserait plus à l'autre; et il n'aurait que ce qu'il mérite. Vous, mademoiselle, qui aimez tant ma maîtresse, vous devriez bien lui donner ce conseil; car je parierais que je ne me trompe pas et qu'il est question de mariage. Vous sentez que pour peu qu'une femme-de-chambre soit intelligente, elle doit, sans commettre d'indiscrétion, voir clair dans toutes ces affaires-là, et en savoir bientôt autant que ses maîtres. Surtout ne lui dites pas, je vous prie, que je vous ai instruite de tout cela ; car je vous jure que ce n'est que l'attachement que j'ai pour elle qui m'engage à vous en parler.

Je suis donc certaine, comme je vous le disais, qu'il a dû se passer quelque chose de bien intéressant dans la conversation qu'elle vient d'avoir avec son père. J'étais dans le vestibule au moment où ils se séparaient ; et lorsque mademoiselle passa devant moi, je remarquai qu'elle était fort agitée, fort changée, et que ses yeux étaient rouges comme si elle avait pleuré.

Elle remonta peu après, et je la suivis, par pur intérêt, comme vous pensez bien, et pour savoir seulement si elle n'avait besoin de rien. Je la trouvai assise, la tête appuyée sur la table. Elle pleurait, elle sanglotait, comme si son pauvre cœur eût été prêt à se rompre. Je me mis à pleurer avec elle, et je hasardai de lui demander si elle était incommodée. Je me doutais bien de ce qui en était. « Non, « Ursule », me répondit-elle avec bonté; mais elle prononça ce *non* de manière à me convaincre qu'elle avait beaucoup de chagrin. « Laissez-moi, mon enfant, « ajouta-t-elle; laissez-moi seule; je vous « appellerai bientôt. » Je lui obéis, et je me retirai aussitôt, mais, comme je fermais la porte très-doucement, je l'entendis se lever tout à coup, et s'écrier comme au désespoir : « Allons, mon sacrifice est « prononcé. » Je crois que voilà ses propres paroles; ainsi jugez maintenant et par ce qui va suivre si je n'ai pas deviné juste, et s'il n'est pas question de mariage. Ce ne peut être certainement qu'avec M. de Montalban; j'en suis bien aise pour elle ; je voudrais seulement qu'elle ne s'en fît pas tant de peine, parce qu'elle ne sera pas plutôt mariée, que son chagrin se passera, et son futur est si bon, si généreux, qu'elle n'aura que la peine de désirer. Ah ! mademoiselle, la belle noce que cela va faire ! Quelles belles fêtes ! Quelles brillantes toilettes ? Quels superbes cadeaux ! Et puis j'irai sûrement au château de Montalban avec elle. Elle aura beaucoup de femmes ; mais je serai la première, c'est de droit, et je commanderai à toutes les autres.

Monsieur a été long-temps occupé à écrire. Il vient d'appeler Leblanc, et l'a chargé d'aller porter sa lettre à M. de Montalban. Leblanc m'a dit en passant que, loin que son maître parût encore fâché du service qu'il avait reçu, il lui avait semblé plus gai et plus satisfait qu'il ne l'avait vu depuis long-temps. Mademoiselle est encore chez elle, et ne m'a pas encore appelée, ce qui me contrarie, parce qu'elle m'aurait peut-être appris quelque chose de positif que j'aurais pu vous écrire. Il faut que son chagrin ne soit pas passé! Pauvre chère demoiselle! cela me fait de la peine. Elle est si douce, si bonne, si accommodante à l'égard de ceux qui la servent, que je ne sais ce que je ne ferais pas pour la consoler, et que j'irais, je crois, jusqu'à désirer qu'elle n'épousât pas ce M. de Montalban, puisque cela lui fait tant de peine : ce serait pourtant bien dommage!

Comme j'allais fermer ma lettre, mademoiselle reçoit la vôtre par un exprès. Après l'avoir parcourue : « Ah! Ursule, « s'écria-t-elle, cette chère Julie! Croirais- « tu qu'elle a obtenu de sa bonne mère la « permission de se dépouiller pour moi « de ses diamans, et qu'elle m'en envoie la « valeur! Elle m'écrit qu'elle m'attend, et « que nous ne nous séparerons jamais! »

Elle baisait votre lettre! Elle la mouillait de ses larmes! « Ah! mais, dit-elle en « reprenant un air triste, ce secours pré- « cieux de l'amitié vient trop tard, et « mon sort est décidé! » Vous voyez bien, mademoiselle, que je ne me suis pas trompée, et que nous aurons une noce. « Mais « comment, ajouta-t-elle, a-t-elle pu con- « naître la situation affreuse où s'est trouvé « mon père? » Je lui avouai que c'était moi qui vous avais écrit, et elle eut la bonté de ne pas me gronder, et de me dire seulement qu'elle souffrait de la peine que mon attachement pour elle avait dû vous causer.

Pardonnez la liberté que j'ai prise de vous envoyer encore de moi-même tous ces détails. Vous avez eu la bonté de me faire dire par mademoiselle que vous étiez satisfaite de ma première lettre; c'est ce qui m'a enhardie à vous écrire de nouveau, sans ordre, quand elle a éprouvé de nouveaux chagrins et qu'elle ne pouvait pas ou qu'elle craignait, comme en dernier lieu, de vous en instruire et de recourir à votre amitié.

Excusez mon style qui n'est pas des meilleurs, sans doute. En vous écrivant je suis très-pressée, ce qui m'empêche de choisir mes expressions et de mettre plus d'ordre dans mes idées, mais ce qui n'empêche pas que je n'aie l'honneur d'être, avec un très-profond respect,

MADEMOISELLE,

Votre très-humble et très-obéissante servante,

URSULE HIARD.

LETTRE XIX.

Isaure à Julie.

Dans les chagrins que j'ai éprouvés pendant ma vie, c'est toujours à toi, mon amie, que je me suis adressée, soit comme à mon soutien, soit comme à mon juge. Les difficultés et les peines se sont multipliées autour de moi, mais je n'ai pu trouver jusqu'à présent assez de sang-froid pour m'en rendre compte. Je suis enfin, Julie, dans une situation moins violente; je crois pouvoir me retracer tous les événemens qui viennent de se passer, examiner avec toi ma conduite, et scruter ma conscience.

D'après ce que m'a dit Ursule, il paraît

que son zèle m'exempte de te faire le récit douloureux de ce que mon respectable père a eu dernièrement à souffrir. Je ne pouvais que partager ses souffrances, lorsqu'un ange tutélaire, un ami aussi précieux que rare, le comte de Montalban enfin, vint se jeter en avant pour le garantir de la misère et du désespoir. Cet homme, le plus bienfaisant de son sexe, sauva mon père, sauva ton Isaure, qui ne lui aurait pas survécu. Et toi aussi, généreuse amie ! tu t'empressas de venir à notre secours, en te dépouillant de la brillante parure que t'avait abandonnée ta mère; et assez ornée de tes vertus et de tes charmes, tu n'hésitas pas à sacrifier à ton amie des bijoux qui devaient te parer un jour, et auxquels les personnes de notre sexe attachent généralement tant de prix. Reçois mes sincères remercîmens et l'expression de ma vive reconnaissance de ce que tu as fait pour moi dans cette fâcheuse circonstance. Je te renvoie les billets de caisse contenus dans ta dernière lettre, et j'espère qu'un léger sacrifice te remettra bientôt en possession de ces joyaux dont tu t'étais si généreusement privée pour moi.

Si ce secours fût venu un peu plus tôt, et avant que Montalban nous eût tirés du précipice, je serais encore libre!... je serais encore... Mais les regrets sont superflus! Il n'est plus temps de revenir sur mes pas, et mon sort... je tremble en te le disant... mon sort est irrévocablement fixé!

Il ne me reste donc, mon amie, qu'à te raconter par quelle fatalité j'ai été tout à coup entraînée au point où je me trouve. La conduite de Montalban en cette circonstance, et surtout par le mystère dont il chercha à s'envelopper, fut celle d'un homme sensible qui s'attache à ménager la délicatesse d'un ami ; et l'abandon qu'il avait fait de ma main, et qui précéda le bienfait, ajoute encore à sa valeur. Il voulut en faisant ce sacrifice se mettre à l'abri du soupçon, qu'il n'agissait, en obligeant mon père, que par des vues purement personnelles, et, me considérant comme un obstacle invincible à ce qu'il le secourût, il crut indispensable, avant d'étendre sur lui une main protectrice, avant de se rapprocher de lui, de s'éloigner entièrement de moi.

Lorsque mon père revint de le voir et de lui faire ses remercîmens, j'aperçus dans son regard que sa fierté était blessée de l'obligation forcée qu'il avait contractée, du service qu'il avait reçu, qu'il n'avait pu éviter, et qu'il était hors d'état de jamais rendre. « Isaure, me dit-il d'un
« ton qui m'effraya, votre père est mal-
« heureux, bien malheureux ! On vient
« à son insçu de lui imposer une obliga-
« tion dont il ne pourra jamais s'acquit-

« ter, et qu'il n'a pu refuser. Un sort
« impitoyable veut qu'il soit abaissé, qu'il
« soit abreuvé d'humiliations, et le comte
« d'Aubignie doit maintenant apprendre
« à être humble. » Je ne pus lui répondre
tant j'étais émue. Il s'aperçut de cette
émotion ; car il ajouta en m'embrassant
et d'un ton plus calme : « Le ciel est té-
« moin que ce n'est pas pour moi que
« je regrette l'opulence et la vie !.....
« Mais lorsque je songe à tout ce que
« ma fille est exposée à souffrir, quand
« elle viendra à me perdre, que seul je
« reste au monde pour la protéger et la
« soutenir !..... Ah ! je sens qu'à mon âge,
« et usé par le chagrin, je dois me sou-
« mettre à accepter pour elle des services
« et une protection que je ne peux plus
« lui offrir ; je sens qu'au bord de l'abîme
« où elle est placée je suis contraint de
« recevoir avec reconnaissance ce que
« naguère j'aurais repoussé avec dédain.

« — Ah ! mon père, lui répondis-je,
« écartez ces idées affligeantes ; l'homme
« généreux qui vous oblige est capable
« d'apprécier tout ce que votre cœur souf-
« fre, et d'adoucir l'amertume que vous
« fait éprouver le bienfait. — L'homme
« généreux ! dites vous ? Ah ! Isaure, vous
« ignorez encore toute la délicatesse des
« procédés du comte de Montalban ! Lors-
« qu'il s'arracha à vous, lorsqu'il fit le
« sacrifice du bonheur que votre main lui
« promettait, lorsqu'il renonça à une al-
« liance qui comblait tous ses vœux, lors-
« qu'il se disposait enfin à quitter la
« France, ce n'était que pour se mettre à
« même de pouvoir sauver votre père.
« — Il m'aurait répugné, me dit-il, tant
« que j'aurais sollicité le consentement de
« votre aimable fille, de chercher à ser-
« vir l'amitié. J'aurais craint qu'on n'en-
« visageât mon dévouement comme un
« vil subterfuge pour lui ravir sa main ;

« mais actuellement que j'y ai renoncé,
« que je m'éloigne, je puis me livrer sans
« rougir et sans être exposé à voir faus-
« sement interpréter ma conduite, au
« plaisir d'être utile à mon ami. — Tel
« ferme que soit son caractère, croyez-
« moi, Isaure, ajouta mon père, il pâlit,
« et je crus qu'il allait se trouver mal
« lorsqu'il prononça de nouveau cette
« douloureuse séparation. Ah! ce spec-
« tacle, mon enfant, ce dernier tribut payé
« par Montalban à un amour si malheu-
« reux a vivement affligé mon cœur; il
« m'a fait plus de mal que ne m'ont causé
« les chagrins dont cet homme généreux
« est venu me garantir ! Qui pourra ja-
« mais le dédommager d'un semblable
« sacrifice? Qui pourra jamais le récom-
« penser de tout ce qu'il a fait pour moi?
« Et il voulait fuir, il voulait que ce bien-
« fait fût ignoré !...... Ah! que ne suis-je
« plutôt errant dans les forêts, n'ayant

« pour asile qu'une cabane, réduit à quel-
« ques glands pour nourriture, et à me
« désaltérer au premier ruisseau !...... Qui
« me soulagera du poids affreux qui m'op-
« presse !..... Ah ! Isaure, ta main seule
« pouvait acquitter ton père ; mais tu
« éprouves de l'éloignement ; je ne me
« libérerai jamais au prix de ton bonheur,
« et j'expirerais plutôt sous le poids de
« l'obligation. »

Julie ! je regardai attentivement mon père. Ses traits altérés, sa voix affaiblie, ses yeux humides, et ses cheveux blancs, tout concourait à m'intéresser et à m'alarmer sur son compte ; aussi, transportée, hors de moi, je me sentis tout à coup saisie d'un enthousiasme qui tenait du désespoir. Je tombai à ses pieds. « Non,
« mon père, mon respectable père, m'é-
« criai-je, non, vous n'expirerez pas sous
« le poids d'une pénible obligation. Non,
« au milieu de la chute des siens et de

« la destruction de sa famille, votre fille
« seule ne s'isolera pas, ne lui deviendra
« pas étrangère, ne sacrifiera pas tout à
« sa satisfaction personnelle; elle saura se
« dévouer pour vous, et pour adoucir des
« malheurs que jusqu'ici elle s'est fait
« gloire de partager. La voix expirante
« de ma tendre mère retentit encore au
« fond de mon cœur. — Souvenez-vous,
« me dit-elle, souvenez-vous, Isaure,
« qu'après Dieu vous êtes le seul appui de
« l'infortuné d'Aubignie ! — Elle regret-
« tait un établissement qui, en protégeant
« sa fille, devait consoler votre vieillesse...
« Elle m'inspire, j'obéirai à son impul-
« sion ! Ah! m'écriai-je, au milieu des
« angoisses que m'arrachait un doulou-
« reux souvenir, à qui tiens-je mainte-
« nant au monde, si ce n'est à vous? Qui
« s'intéresse maintenant à moi, si ce n'est
« vous? Je ne vous sacrifierai pas à de
« vains regrets, que l'oubli et l'ingrati-

« tude du seul homme que j'ai aimé doi-
« vent éteindre. Allez, mon père, allez
« trouver le comte de Montalban, dites-
« lui qu'Isaure d'Aubignie lui offre vo-
« lontairement, comme une récompense
« de sa générosité, comme un tribut de
« piété filiale, cette main que jusqu'ici
« elle a cru devoir refuser à ses pressantes
« sollicitations. Mais ne le trompez pas,
« ne lui dissimulez pas le peu de valeur
« du don. Dites-lui qu'il n'est que la fai-
« ble offrande d'une infortunée pour ac-
« quitter son père, pour adoucir ses souf-
« frances et balancer les services de l'ami-
« tié : ajoutez que votre fille connaît ses
« devoirs, et que, comme épouse, elle
« saura les remplir. »

Mon père, en m'écoutant, parut revenir
à la vie. L'étonnement se mêlait à la satisfaction qui se peignait sur son visage. Il
garda pendant quelque temps le silence,
ensuite le rompant d'une voix attendrie :

« Sont-ce bien là vos sentimens, Isaure,
« me dit-il, et ne dois-je pas craindre
« qu'ils entraînent des regrets à leur suite ?»
L'héroïsme du devoir, Julie, était totalement épuisé, et je ne pus lui répondre
que par mes larmes. « Parlez, mon enfant,
« ajouta-t-il avec bonté, parlez librement ;
« que le désir de voir votre père moins
« malheureux ne vous porte pas à contrac-
« ter une alliance qui contrarierait votre
« cœur. Je sais que Montalban vous ren-
« dra heureuse ; mais cela ne suffit pas....
« Parlez, car, pour le peu qui me reste
« encore à vivre, ce serait dommage
« d'empoisonner toute votre existence. »
Mon courage revint. « Quelque faiblesse,
« mon père, lui dis-je, accompagne tou-
« jours nos meilleures résolutions ! Si la
« mienne n'en est pas exempte, elle n'en
« est pas moins invariable. La nature et
« l'honneur m'en font un devoir ; et c'est
« sans aucun regret que je vais m'y sou-

« mettre. » Il me demanda alors s'il pouvait annoncer mon consentement au comte. « A l'instant même, mon père, s'il vous « plaît, lui repliquai-je ; car plus tôt il en « sera prévenu, plus il sera convaincu de « la sincérité des motifs qui me déter- « minent et qui me sont en effet dictés par « mon cœur. » Mon père passa dans son cabinet, et écrivit au comte une lettre qu'il me communiqua, et à laquelle je ne trouvai rien à changer. Cependant il me sembla qu'elle ne contenait pas tout ce que j'aurais désiré. Il est des situations de l'âme que les expressions ne peuvent jamais bien rendre ; la pensée, même alors, ne présente pas clairement ce qui est en elle, et il y a quelque chose dans ma situation de pénible, d'inquiétant que je ne peux lui soumettre, qu'elle ne peut saisir, et que j'appréhende même d'approfondir. Ah ! Julie, je ne puis oublier *Iphigénie.*

A peine Montalban eut-il reçu cette lettre qu'il s'empressa de venir, quoiqu'il fût déjà tard. Nous étions à souper, et ne pensions guère à le voir paraître. Je ne puis te rendre le trouble que cette visite me causa, et la présence du domestique qui nous servait me rassurait à peine. Lorsqu'il m'adressait la parole je n'osais le regarder en lui répondant, et en effet, Julie, comment aurais-je pu envisager ainsi sans émotion celui de qui, sous peu de jours, ma vie entière allait dépendre ! C'était une espèce de torture que toute ma fermeté ne me donnait pas la force de supporter. Mon père, s'apercevant du malaise et de la gêne que j'éprouvais, abrégea le souper; Leblanc nous laissa, et nous nous trouvâmes seuls.

Après un moment de silence mon père prit sur lui de le rompre, pour confirmer à Montalban le contenu de sa lettre. Celui-ci était aussi troublé que moi; mais son trouble était celui d'un homme ivre de son bonheur. Il essaya par quelques phrases décousues de peindre celui qu'il ressentait, de me témoigner sa reconnaissance, de faire l'éloge de mes sentimens et de mon cœur ; mais lorsqu'il entreprit de justifier sa conduite et de prouver qu'il avait dû accepter ma main, il se déconcerta et perdit absolument la parole. Ah ! mon amie. J'étais cependant *l'Iphigénie*, la victime muette de cette scène pénible !.... Mais ma conscience ne me reprochait rien, et Montalban ne peut avoir totalement oublié l'éloignement que j'ai manifesté pour lui.

Il eut enfin la bonne foi de me dire qu'il sentait combien il méritait peu les bontés dont je le comblais, et de m'assurer que sa vie entière serait consacrée à me prouver sa vive reconnaissance. Il ajouta à cela beaucoup de lieux communs; car ce sexe impérieux, qui sait se plier à tout par la crainte de nous perdre, dont le langage insidieux varie suivant les objets, les temps et les lieux, n'a qu'un seul et même langage, celui d'une insultante modestie pour célébrer ses succès.

Mon père prit ensuite ma main qu'il plaça dans celle du comte ; je fus alors obligée de lever sur lui des yeux que jusque-là j'avais presque constamment tenus baissés. Ils rencontrèrent les siens ; mais je ne pus soutenir son regard, il exprimait trop d'ivresse et d'amour !
« Cette main, monsieur le comte, lui dit
« mon père, cette main est l'unique tré-
« sor de d'Aubignie..... C'est tout ce qui
« lui reste ! Dans l'état de dénuement où
« le sort l'a réduit, tout l'or du monde,
« seul, n'aurait pas suffi pour l'obtenir,
« et il s'estime heureux de vous l'accor-
« der comme la récompense de vos qua-
« lités et de vos vertus. — J'apprécie tout
« ce qu'elle vaut, lui répondit Montal-

« ban, en la portant à ses lèvres avec un
« respectueux empressement, et je la re-
« çois comme le don le plus précieux que
« je puisse obtenir du ciel et de son
« père. »

C'en est donc fait, Julie ! Isaure d'Aubignie est pour jamais à Montalban ! Ah !
mon père..... mon père !..... Mais je
m'arrête..... j'ai rempli mon devoir.....
Je ne dois avoir aucun regret. Adieu.

Nota. On s'aperçoit par la lettre suivante
qu'il en manque une de Montalban à Segarva,
par laquelle il l'instruit du service éminent
qu'il vient de rendre à d'Aubignie ; et cette
lettre, si elle s'était retrouvée, aurait été placée avant celle qu'on vient de lire.

LETTRE XX.

Montalban à Segarva.

Félicitez-moi, Segarva, félicitez-moi. L'adorable, l'incomparable Isaure est à Montalban! Ma main tremble en écrivant ces mots; je crains de ne raconter qu'un songe! Ne cherchez plus à affaiblir mon bonheur par ces froides leçons de prudence et de sagesse qui deviennent déplacées quand il est question d'une femme semblable. Rassurez-vous contre des craintes chimériques; venez la voir, l'entendre, la juger; et vous me reprocherez alors de ne pas l'aimer davantage.

Non, le plaisir qui me transporte n'a pas obscurci ma raison; l'amour n'a point affaibli la sévérité de mes principes; et cependant j'ai trouvé vos observations tellement caustiques, qu'il en est que je n'ai pu lire sans me laisser emporter contre vous au sentiment de la plus vive indignation, et il faut que je sois bien votre ami pour me résoudre à vous les pardonner.

Vous me rappelez la légèreté avec laquelle on traite, en France, le lien et les vœux les plus sacrés; mais n'y a-t-il pas d'exceptions, et alors ne me permettrez-vous pas d'en faire une en faveur de mademoiselle d'Aubignie ? Injuste Segarva, qui osez la classer parmi ces Françaises vives et folâtres dont la tête est le trône mobile de cette mode dont elles ne sont constamment occupées qu'à étendre l'empire; tandis que leur cœur, absolument vide, devient journellement le jouet et la proie de ses frivoles sectateurs ! Non, pour commettre une semblable erreur il faut ne pas la connaître, et cela seul peut vous servir d'excuse. Ah! élever le moindre doute sur la pureté, la candeur et la délicatesse de cette femme angélique, c'est attenter à la vertu même.

Je sais comme vous que ces qualités ne suffisent pas toujours pour assurer le bonheur domestique; mais je connais son caractère, et je suis convaincu que son cœur seul a dû guider et déterminer son choix, et que, fussé-je maître du monde, je n'aurais pas obtenu sa main, si ce cœur n'en avait confirmé le don.

Vous me parlez de la ruine de sa famille, du dénuement où ce malheur l'a plongée, de l'abandon extravagant que je fais des brillans établissemens auxquels ma naissance et ma fortune me donnaient le droit de prétendre! Loin de penser comme vous sur ce point, je me félicite au contraire de ce que la situation de mademoiselle d'Aubignie soit telle, qu'en la prenant pour femme, elle écarte tout soupçon d'avoir, dans une semblable circonstance, été guidé par un vil intérêt... Oh! non, Segarva, croyez-en votre ami; si elle n'était Isaure d'Aubignie, je ne l'épouserais pas avec l'univers pour dot. Mais elle! je l'épouse sans fortune, je la préfère à toutes les femmes, parce que, seule et dénuée de tout, elle est un trésor.

Vous me rappelez avec une impardonnable malignité ses premières hésitations et l'espèce d'éloignement que pendant long-temps elle a témoigné pour ce mariage, et vous en concluez inconsidérément que son cœur est engagé! Je ne veux même pas, sur ce point, vous laisser jouir de la satisfaction que vous éprouveriez si je cédais à ces craintes puériles. Je ne suis plus, Segarva, dans cet âge effervescent où l'on se persuade qu'un mariage ne peut être heureux s'il n'est accompagné de cette frénésie d'amour qui fait extravaguer les amans et délirer les poëtes. Les transports fougueux de cette passion dangereuse ne sont pas indispensables à la félicité conjugale; on ne doit pas les désirer, parce qu'ils ne sont que l'ivresse du moment qui s'évanouit comme un songe, que la possession refroidit, que la jouissance éteint, que souvent les regrets remplacent, et qu'on voudrait alors n'avoir jamais connus. J'ai une confiance entière dans les douces affections d'Isaure, et je préfère ce calme, qui permet à la raison de parler au cœur, à la vivacité, pour ne pas dire à l'impétuosité des sentimens, souvent désordonnés, qui entraînent à l'autel la plupart des jeunes personnes de son sexe. Que n'avez-vous pu voir son regard à l'instant où son père me présenta sa main! Ses yeux baissés exprimaient à la vérité une légère contrainte, une intéressante modestie, mais cette contrainte et cette modestie sont plus captivantes mille fois dans son sexe, que ne le serait l'abandon le plus absolu. Ah! mon ami, la timidité, l'estime et la reconnaissance animaient et ombrageaient tour à tour son regard, et lorsque quelques larmes précieuses s'échappèrent à travers ses longues paupières, je crus recevoir un gage certain de la sincérité de ses sentimens et du bonheur qu'elle m'assurait. Dites-moi, Segarva, quelles expressions auraient pu parler si éloquemment à mon cœur!

Vous supposez enfin qu'elle a pu être contrainte dans le consentement qu'elle vient de donner; que son attachement pour son père, que le désir de le libérer envers moi, ont pu la déterminer à se dévouer, et que sa main est plutôt le prix d'un service rendu, un tribut de reconnaissance, qu'elle n'est le don de son cœur! Telles offensantes que soient pour mon amour-propre toutes ces suppositions que vous établissez si légèrement, je vous dirai, Segarva, que c'est une erreur purement romanesque de croire que, dans les affaires de cœur, nos affections doivent être absolument dégagées de toute influence étrangère ; que ce serait nous avilir et nous dégrader que de prétendre que ces affections ne sont qu'une impulsion aveugle que la prudence et la raison ne peuvent diriger : si l'on est forcé de convenir que l'attachement entre les deux sexes peut être fondé en effet sur des causes raisonnables, en est-il de plus puissantes que celles qui naissent de l'estime et de la reconnaissance !

Mais pourquoi me laisserais-je aller à vous combattre et à justifier mon choix ? Il me suffit, Segarva, que je sois heureux. Vous pouvez élever des doutes, vous créer des inquiétudes, je ne me prêterai pas à les partager, ni à empoisonner ma joie par des raisonnemens hasardés ou par des conjectures extravagantes. Isaure, l'adorable Isaure consent à être à moi; que m'importe le reste et surtout les craintes d'un homme qui ne la connaît pas !

Mardi prochain est le jour fortuné où elle deviendra mon épouse, où elle portera le nom de Montalban ! Notre séjour à la campagne nous exempte fort heureusement des embarras de l'étiquette et d'un fatigant cérémonial. Le faste et l'éclat appartiennent à ces alliances qui n'ont pour base que la vanité ou tout autre motif de considération personnelle. Mon Isaure s*** assez parée de ses charmes, et les ornemens simples et modestes avec lesquels elle captive journellement l'admiration, relèveront plus sa beauté que tous les apprêts du luxe et de la magnificence. Nous comptons passer ici une quinzaine de jours avant de nous rendre à Montalban. Là, je la présenterai à mes vassaux ; là, elle recevra leurs hommages ; et là, grâce à elle, ceux que je n'avais jusqu'ici arrachés qu'au devoir, vont m'être enfin prodigués par le cœur. Je partagerai les sentimens qu'elle inspirera, et mes parens, mes amis et mes voisins vont se presser autour de moi et apprendre à m'aimer davantage. Il me semble que tous ces gens-là vont cesser de me déplaire, et que je pourrai, à l'exemple d'Isaure, me réconcilier avec leurs travers. J'ignore s'il y a plus de mérite à mépriser qu'à supporter des ridicules; mais je crois que le mépris et le dédain sont toujours des sentimens pénibles; car l'amertume de ces dispositions finit par rejaillir sur nous-mêmes, par nous aigrir, par nous irriter contre l'espèce humaine, et Isaure m'a appris à préférer à l'âpreté de ces principes toutes les douceurs de l'indulgence.

Puis-je espérer, maintenant que me voilà fixé en France, que Segarva voudra bien m'y favoriser d'une visite? Quelque épris que je sois de mademoiselle d'Aubignie, quelque persuadé que je puisse être de tout ce qu'elle vaut, il manquera quelque chose à ma satisfaction jusqu'à ce que mon ami ait jugé par lui-même et qu'il ait approuvé mon choix. Vous voyez ma confiance, je ne redoute pas votre examen, je ne crains pas l'épreuve, parce qu'elle n'offrira à mon Isaure que l'occasion d'un nouveau triomphe, et votre conversion sur l'article des femmes et du mariage sera une victoire éclatante qu'elle aura remportée sur leur ennemi commun.

En attendant, soyez, je vous prie, bien convaincu que je suis le plus fortuné des hommes, et augmentez, s'il est possible, la satisfaction dont je jouis, en m'assurant que vous la partagez.

FIN DU TOME PREMIER.

& de lui donner une nouvelle forme. Mais, indépendamment de l'extrême modestie qui le déroboit volontiers au grand jour, il respectoit la délicatesse & la supériorité de son frère, au point de ne pouvoir se résoudre à paroître vouloir aller de pair avec lui ; il attendit donc encore quatre ans, avant que de se présenter à l'Académie, & elle ne lui fit pas un crime de ce délai, parce qu'elle sçavoit combien il étoit en état de l'en dédommager. Le Public, qui n'en doutoit pas non plus, en a trouvé la preuve dans douze ou quinze de ses Differtations, qui font imprimées en entier, ou par extraits dans les six premiers volumes des Mémoires de l'Académie, & il n'est pas à craindre qu'il ra-

de Viterbe qui ... bles que l'hérésie de Calvin ... France, y fut deux fois envoyé ce par les Papes Jules III. & ... fois les ... çois II. & qui pendant la tenue cile de Trente, y préparoit ... avec le Cardinal de Lorraine & tres Prélats François, tout ce qu... voit y agiter de plus important.

Le Gouverneur de Lorette, ... Vice-Légat d'Avignon, se trou... plus en état de satisfaire son in... pour la France. M. le Conne... gnan, M. de Basville, & tous c... commandoient dans les Provin... nes, s'apperçûrent bientôt de

www.ingramcontent.com/pod-product-compliance
Lightning Source LLC
Chambersburg PA
CBHW071927160426
43198CB00011B/1314